公路桥梁施工技术与管理研究

陈法铃　刘美朋　赵健　主编

延吉·延边大学出版社

图书在版编目（CIP）数据

公路桥梁施工技术与管理研究 / 陈法铃，刘美朋，赵健主编. -- 延吉 : 延边大学出版社，2024. 9.
ISBN 978-7- 230-07075-1

Ⅰ. U448.145.1

中国国家版本馆CIP数据核字第2024RZ6678号

公路桥梁施工技术与管理研究

GONGLU QIAOLIANG SHIGONG JISHU YU GUANLI YANJIU

主　　编：陈法铃　刘美朋　赵健
责任编辑：王治刚
封面设计：文合文化
出版发行：延边大学出版社
社　　址：吉林省延吉市公园路977号　　邮　　编：133002
网　　址：http://www.ydcbs.com　　E-mail：ydcbs@ydcbs.com
电　　话：0433-2732435　　传　　真：0433-2732434
印　　刷：三河市嵩川印刷有限公司
开　　本：710mm×1000mm　1/16
印　　张：13
字　　数：200 千字
版　　次：2024 年 9 月 第 1 版
印　　次：2025 年 1 月 第 1 次印刷
书　　号：ISBN 978-7- 230-07075-1

定价：70.00元

编 写 成 员

主　　编：陈法铃　刘美朋　赵　健

编写单位：杭州钱塘新区建设投资集团有限公司

东营市河口区公路事业发展中心

新疆交通职业技术学院

前　言

现代社会经济的迅猛发展需要城市交通运输的辅助和支持，同时也对城市交通运输提出了更高的要求。公路桥梁工程作为城市交通运输行业的重要组成部分，在加快城市现代化建设、促进社会经济发展、提高人们生活水平方面，都起着至关重要的作用。公路桥梁的建设周期一般较长，这主要是由于公路桥梁修建的地方一般都是跨越河流或地质条件特殊的地段，这样就需要特殊的施工技术来完成公路桥梁每部分的修建。因此，公路桥梁施工企业和建设企业必须加强施工过程中的质量管理和控制，发现并解决其中存在的问题，不断总结经验并采取有效的质量控制措施，进一步提升人民群众的生活质量，促进我国基础设施建设的发展。

强化公路桥梁工程施工管理工作，不仅可以保证施工质量，还能够对施工效益的提升起到积极作用，保证公路桥梁工程的施工能够在施工管理工作下，按照施工设计的要求和秩序进行，从而保证公路桥梁工程的施工质量，确保路桥工程施工目标的顺利实现。

本书共六章：第一章为公路桥梁概述，第二章为路面施工技术，第三章为路基施工技术，第四章为路基防护与加固施工，第五章为桥梁上部结构与桥面系工程施工技术，第六章为公路桥梁施工管理研究。

由于笔者水平有限，加之编写时间仓促，书中难免存在不足之处，恳请各位专家同仁以及广大读者不吝批评指正。

笔者

2024 年 5 月

目　录

第一章　公路桥梁概述

第一节　公路

一、公路的组成

（一）公路的线形组成

公路路线是指公路的中线。公路线形是指公路中线在空间的几何形状和尺寸。公路中线是一条三维空间曲线，由直线和曲线组成。

公路线形是从平面、纵面和空间三个方面来进行研究的。公路线形设计包括平面线形设计、纵面线形设计和空间线形（又叫平、纵组合线形）设计三个部分。

1.平面线形

公路中线在水平面上的投影为平面线形。

由于地形、地物、地质等自然条件及其他各种因素的限制，一条较长的公路从起点到终点在平面上不可能是一条直线，而且常常需要有很多转折，每到转折处都需要设置平缓的曲线，以消除公路的突然转折，使汽车能够安全顺适地通过。因此，公路的平面线形就是由一系列的直线段及曲线段组合而成的。公路曲线一般为圆曲线，为了使线形更符合汽车的行驶轨迹，从而确保行车的顺适和安全，在直线与圆曲线间或不同半径的两圆曲线之间要插入缓和曲线。所以，构成道路平面线形的主要组成要素就是直线、圆曲线和缓和曲线。

（1）直线

直线是平面线形的基本要素之一。直线作为道路的主要线形，具有路线直接、前进方向明确和测设简便等优点，但是长直线道路由于景观单调和公路环境缺少变化往往会使驾驶员产生疲劳或注意力分散，以致发生交通事故。因此，在线形设计中，选取直线及其长度时必须慎重考虑，应避免使用过长直线，并注意直线的设置应与地形、地物、环境相协调。直线的最大与最小长度应有所限制，从理论上来讲，求解直线的最大与最小长度是非常困难的，主要应根据驾驶员的视觉反应及心理承受能力来确定。

据国外资料介绍，对于设计速度大于或等于 60 km/h 的公路，最大直线长度以汽车按设计速度行驶 70 s 左右的距离控制，一般直线路段的最大长度（以 m 计）以控制在设计速度（以 km/h 计）的 20 倍为宜；另外，从视觉特性上考虑，同向曲线之间直线的最小长度以不小于设计速度的 6 倍为宜，反向曲线之间的最小直线长度以不小于设计速度的 2 倍为宜。

（2）圆曲线

当公路需要改变方向时，在转弯处需要设置圆曲线来连接两条相交的直线段，连接方式采用圆曲线与两直线相切，采用平缓而适当的圆曲线，既能保证汽车平稳地行驶，又可促使驾驶员的注意力集中，有利于安全行车。同时，采用圆曲线也符合汽车作转向行驶的行驶轨迹。

①曲线半径。汽车在圆曲线上行驶时，除受重力影响外，还要受到离心力的影响。离心力使汽车产生两种不稳定的危险：一是汽车向外滑移；二是汽车向外倾覆。离心力的大小是与圆曲线半径成反比的，即半径越小，离心力就越大，对行车安全很不利。为了保证行车安全与乘坐舒适，需要对圆曲线半径的最小值进行限制。

曲线半径大小的确定分为曲线设置超高和不设置超高两种情况。根据公路的等级和具体地形，在选择曲线半径时，应尽量采用最大的半径；在一般情况下宜采用不设超高的半径；当地形或其他条件限制时，可以采用设置超高的半径，但不要轻易采用最小半径，尤其是位于平坡或下坡的长直线尽头处，不得采用最小半径。

②曲线超高和加宽。为了使汽车能在小半径曲线上安全行驶，应把曲线部分的行车道建成外侧高于内侧的单向横坡，其外侧超高的部分即为曲线超高。当公路弯道上的路面曲线半径小于一定数值时，路面需要适当加宽。因为汽车在弯道上行驶时，各个车轮的轨迹半径是不相等的，后轴内侧车轮行驶的半径最小，前轴外侧车轮行驶的半径最大，所以此时在弯道上行驶的汽车就需要有更宽的路面。曲线上的路面加宽一般设置在道路曲线内侧。路面加宽后，对应的路基也应作相应的加宽。

③曲线的最小长度。汽车在弯道上行驶时，如果曲线过短，就会造成驾驶员的疲劳和横向力对乘客的冲击。特别是汽车在高速行驶时，曲线过短可能造成离开理论上的安全行车轨迹过多而发生事故。因此，为了提高公路的使用质量，使行车迅速、安全与舒适，应尽量设置较长的曲线。即使各方面条件受限，仍应要求汽车在圆曲线上行驶的时间不少于 3 s。

曲线连接有同向曲线连接、反向曲线连接和复曲线连接等形式。在公路上，转向相同的两条相邻曲线称为同向曲线，转向不同的称为反向曲线，直接相连的曲线称为复曲线。两同向曲线连接，如果夹直线较短，则往往影响驾驶员的判断，导致行车不安全，道路也不美观，应尽力避免这样设计。此时，应将两曲线的半径加大，使它们连成复曲线。在设计复曲线时，两同向曲线的交点之间要有一定的距离，应能布置下两曲线的切线。两反向曲线相连时，若半径都较大且没有超高，则可以直接连接；若有超高，则在两曲线之间要设计有一段直线，以便设置缓和曲线或超高缓坡段。

（3）缓和曲线

缓和曲线是设置在直线与圆曲线之间或半径相差较大的两个转向相同的圆曲线之间的一种曲率连续变化的曲线。

缓和曲线的作用如下：在曲率变化缓和段，从直线向圆曲线或大半径圆曲线向小半径圆曲线变化；在横向坡度变化的缓和段，直线段的路拱横坡渐变至弯道超高横坡度的过渡或圆曲线之间不同横坡度的过渡；在加宽缓和段，直线段的标准宽度向圆曲线部分加宽段之间的渐变。

缓和曲线的形式主要有回旋曲线式、三次抛物线式、双纽式等。缓和曲线长度的确定，主要考虑以下三方面的因素：驾驶员操作从容和乘客感觉舒适；超高的附加坡度不宜过陡；行驶时间不宜过短。

2.纵面线形

公路中线沿线路纵剖面的形状为纵面线形。

（1）线路纵断面及其组成要素

沿公路中线的竖向剖面，称为公路纵断面，其图形称为公路纵断面图。它反映了公路中线地面高低起伏的情况和设计线路的坡度情况，从而可以计算出纵向土石方工程的挖填工作量。公路纵断面图是公路设计的重要技术文件之一。把公路的纵断面图和平面图结合起来，就能够完整地表达出道路的空间位置。

公路纵断面的线形要素包括直线（即均匀坡度线）和竖曲线两种。坡度线分为上坡和下坡，是以坡度和水平长度表示的。

纵断面设计是线路设计的重要环节，直接关系到公路的造价和使用质量。为保证汽车以一定的速度安全顺利地行驶，线路纵断面应具有一定的平顺性，起伏不宜过于频繁，尽量避免采用极限纵坡。在较大的纵坡上应限制坡段的长度，保证汽车能以一定的速度上坡或下坡；在连续升坡和降坡路段不宜设置反坡或小半径曲线，以保证汽车行驶的平顺和稳定。

（2）纵坡

①最大纵坡。最大纵坡是道路纵坡设计的极限值，是纵面线形设计的一项重要指标。最大纵坡的大小将直接影响路线的长短、使用质量、行车安全以及运营成本和工程的经济性。最大纵坡主要是依据汽车的动力特性、道路等级、自然条件、车辆行驶安全以及工程、运营经济性等因素进行确定。汽车沿陡坡行驶时，因升坡阻力增加而需增大牵引力，从而降低车速，若长时间爬陡坡，不但会引起汽车水箱沸腾、气阻，使行驶无力以致发动机熄火，使驾驶条件恶

化，而且在爬坡时汽车的机件磨损也将增大。因此，应从汽车爬坡能力考虑，对最大纵坡加以限制。与上坡相比，汽车下坡时的安全性更为重要。汽车下坡时，制动次数增加，制动器易因发热而失效，驾驶员心理紧张，也容易发生车祸。

②最小纵坡。为了保证挖方地段、设置边沟的低填方地段和横向排水不畅地段的纵向排水，防止积水渗入路基而影响其稳定性，规定各级公路的长路堑路段以及其他横向排水不畅的路段，均应采用不小于 0.3%的纵坡。

③平均纵坡。平均纵坡是衡量路线线形设计质量的重要指标之一。在道路设计中，平均纵坡是指一定路线长度范围内，路线两端点的高差与路线长度的比值。

④坡长限制。坡长是指变坡点与变坡点之间的水平长度，坡长限制包括陡坡的最大坡长限制和最小坡长限制两个方面。

最大坡长应根据汽车动力性能来决定。长距离的陡坡对汽车行驶不利。在连续上坡时，汽车发动机过热影响机械效率，从而使行驶条件恶化；下坡则因刹车频繁而危及行车安全，因此应对陡坡的长度有所限制。《公路工程技术标准》（JTG B01—2014）对不同纵坡的最大坡长限制见表 1-1。

表 1-1　不同纵坡的最大坡长（m）

纵坡坡度/%	设计速度/（km/h）						
	120	100	80	60	40	30	20
3	900	1 000	1 200	—	—	—	—
4	700	800	900	1 000	1 100	1 100	1 200
5	—	600	700	800	900	900	1 000
6	—	—	500	600	700	700	800
7	—	—	—	—	500	500	600
8	—	—	—	—	300	300	400
9	—	—	—	—	—	200	300
10	—	—	—	—	—	—	200

最小坡长限制主要是从汽车行驶要求和竖曲线布设要求的角度考虑的。在道路设计中，如果纵坡长度过短，则会产生以下几种不利影响：变坡点随之增多，道路纵向起伏反复变化，造成汽车由于产生增重与减重的频繁变化而行车颠簸，且乘客感觉不舒适，影响了行车的安全性和平顺性，车速越高这个问题越突出；无法满足相邻两竖曲线切线长的设置，两个设置凸形竖曲线的变坡点间的距离不能满足行车视距的要求；频繁起伏的纵断面线形呈锯齿形，路容不够美观。因此，为使汽车能安全、顺适地行驶，便于平纵线形的合理组合与布设，需要限制纵坡的最小长度。

（3）竖曲线

当纵断面上相邻两条坡度线相交时，出现了变坡点和变坡角。汽车驶过该处时，将受到冲击，行车的平顺性受到破坏，为了缓和这种突变，保证行车平稳和满足视距要求，在变坡点处应设置竖曲线。

夜间汽车在小半径凸形竖曲线上行驶时，车头灯的灯光高出路面，很难照到较低的路面障碍物；而在小半径的凹形竖曲线上行驶时，车头灯照在路面上的照距甚短，也影响视距。所以夜间交通密度较大的公路，应采用大的竖曲线半径。

3.空间线形

道路的空间线形是指由道路的平面线形和纵面线形所组成的空间立体形状。道路线形设计首先是从路线规划开始的，然后经选线、平面线形设计、纵面线形设计和空间线形设计的过程，最终以平、纵组合的立体线形展现在驾驶员眼前。在行驶过程中，驾驶员所选择的实际行驶速度，是由他对立体线形的判断做出的，因此在设计中仅仅满足平面、纵面线形标准还是不够的。道路的空间线形应能够保持视觉的连续性，并使驾驶员有足够的舒适感和安全感。

设计车速≥60 km/h 的公路，应注重空间线形设计，不仅要满足汽车运动学和力学要求，还应充分考虑驾驶员在视觉和心理上的要求，尽量做到线形连续、指标均衡、视觉良好、景观协调、安全舒适。设计车速越高，空间线形设计所考虑的因素应越周全。当设计车速≤40 km/h 时，首先应在保证行驶安全的前提下，正确运用线形要素规定值，在条件允许的情况下，力求做到各种线形要素的合理组合，并尽量避免和减少不利组合。

道路平面线形和纵面线形的组合设计，就是要得到一个既满足汽车行驶安全、舒适要求，又能使工程造价和运营费用经济，在驾驶员视觉和心理状态方面引起良好的反应，同时还能使道路与沿线周围环境和景观相协调的道路立体线形，从而达到安全、舒适、快速和经济的目的。

（1）平、纵线形的组合形式

平、纵线形的组合设计是指在满足汽车运动学和力学要求前提下，研究如何满足驾驶员视觉和心理方面的连续性、舒适性，与周围环境的协调和良好的排水条件，依次对平、纵线形进行调整，使其组合后能成为连续、舒适且美观的空间线形。

通过分解立体线形的要素，可得出平、纵线形的六种组合形式。

组合 1：在平面上为直线，纵断面上也是直线——构成具有恒等坡度的直线。

这种线形单调、枯燥，在行车过程中路线的视景缺少变化，容易产生驾车疲劳和超车次数的增多，易引发交通事故。在设计中可采用画车道线、设置标志、绿化和与周围景观设施配合等方法加以调节，缓解单调的视觉感受，起到视线诱导的作用。

组合 2：在平面上为直线，纵断面上是凹形竖曲线——构成下凹的直线。

这种组合具有较好的视距条件，在纵断面上插入了凹形竖曲线，改善了组合 1 生硬、呆板的状态，给驾驶员动态的视觉效果，行车条件得以改善。

在组合 2 设计中应注意以下几点：

①组合中竖曲线的长度不能过短，竖曲线的半径不能过小（在一般情况下，竖曲线半径要大于最小半径 3～4 倍），避免产生折点。

②在两个凹形竖曲线间不要插入短的直坡段，否则会导致视觉上的错误判

断，应将这两个竖曲线合并成一个凹形竖曲线，以改善视觉条件。

③长直线的末端不宜插入小半径的凹形竖曲线。

组合 3：在平面上为直线，纵断面上是凸形竖曲线——构成凸起的直线。

这种凸起的直线视距条件较差、线形单调，会使驾驶员无法准确判断前方道路的情况，应该避免。而且要选用大半径的竖曲线以保证视距。如果与组合 2 连接，应注意避免“波浪”“暗凹”和“驼峰”等不良视觉效果的出现。

组合 4：在平面上为曲线，纵断面上为直线——构成具有恒等坡度的平曲线。

大量透视图分析结果表明，如果平曲线半径选择适当，纵坡不太陡，则这种组合视觉效果良好，汽车在这种线形上行驶，可以获得较好的景观效果。驾驶员对外界变化的景观感觉新鲜，方向盘操纵舒适。

设计时还需要注意检查合成坡度是否超限，避免急弯陡坡的组合。

如果平曲线与直线组合不当（如断背曲线），平曲线半径过小或坡长过短，平曲线半径与纵坡不协调，就会导致线形曲折。

组合 5 和组合 6：组合 5 在平面上为曲线，纵断面上是凹形竖曲线——构成下凹的平曲线；组合 6 在平面上为曲线，纵断面上是凸形竖曲线——构成凸起的平曲线。这两种组合设计是较为常见的，但又较为复杂。如果几何要素的大小选取适当且均衡协调，就可以获得视觉舒适、视线诱导良好的空间线形；反之，则会出现一些不良后果。因此，在设计时要特别重视。

（2）平、纵线形的组合设计原则与要点

①平、纵线形的组合设计原则如下：

第一，应在视觉上能自然地诱导驾驶员的视线，并保持视觉的连续性。这样可以使驾驶员及时和准确地判断路线的变化情况，不致因错觉而发生事故。任何使驾驶员感到茫然、迷惑或判断失误的线形，都必须尽力避免。在视觉上，能否自然地诱导驾驶员的视线，是衡量平、纵线形组合好坏的基本条件。

第二，平、纵线形的技术指标应大小均衡，使线形在视觉上、心理上保持协调。平曲线与竖曲线的大小如果不均衡，就会给人以不愉快的感觉，失去了视觉上的均衡性。纵面线形反复起伏，而平面上却采用高标准的线形是无意义的，反之亦然。

第三，合成坡度应组合得当，以利于路面排水和行车安全。合成坡度过大，对行车不利；合成坡度过小，则对排水不利，也影响行车。在进行平、纵线形组合设计时，如条件可能，一般最大合成坡度不宜大于 8%，最小合成坡度不宜小于 0.5%。

第四，注意与道路周围环境的配合。配合得好，可以减轻驾驶员的疲劳和紧张程度，还可以起到引导视线的作用。

②平、纵线形的组合设计要点如下：

第一，平曲线与竖曲线应相互重合，且平曲线应稍长于竖曲线，或者平曲线与竖曲线错开。在一般情况下，当平曲线、竖曲线半径较大时，应使平、竖曲线顶点对应。平曲线长度应大于竖曲线长度，最好使竖曲线的起、终点分别放在平曲线的两个缓和曲线内，不要落在直线段或圆曲线上，即所谓“平包竖”。

采用平、竖曲线对应布置的优点是：利于视线诱导，当车辆驶入凸形竖曲线的顶点之前，能够清楚地看到平曲线的始端，辨明转弯的走向，不致因判断错误而发生事故，有利于行车安全，线形舒适美观。

如果平曲线与竖曲线不能较好地配合，两者的半径都小于某一限度，则宜将平曲线和竖曲线错开一定的距离（最小应为以相应速度行驶的 3 s 行程），使平曲线位于直坡段上或使竖曲线位于直线上。

第二，平曲线与竖曲线的大小保持均衡。不要把过缓与过急、过长与过短的平、竖曲线组合在一起。如果平曲线和竖曲线其中一方大而平缓，另一方就不能多而小。一个长的平曲线内有两个以上凹、凸相间的竖曲线，或一个大的竖曲线含有两个以上反向平曲线，这样看上去非常别扭，要避免做这样的线形组合。

缺乏视觉均衡性的线形易给人不愉快的感觉，大半径长的平曲线与小半径短的竖曲线相结合，在透视图上会有中间凹陷的视觉，线形的连续性会受到破坏。为使平、竖曲线半径达到均衡，当平曲线半径小于 1 000 m 时，平曲线与竖曲线半径的比值以 1∶20～1∶10 为宜。此时可以获得视觉与工程费用的经济平衡。

对一般公路的视觉分析结果显示，平、竖曲线的半径均在表 1-2 所列的数值以下时，最好避免平、纵线形重合，或把急弯与陡坡线形错开，或考虑把其中一线形增大到表 1-2 中数值的 2 倍以上。

表 1-2　避免平、竖曲线对应的界限

设计速度/（km/h）	80	60	40	30	20
平曲线半径/m	400	200	100	50	50
竖曲线半径/m	5 000	2 500	2 000	1 500	1 000

第三，避免线形的突变，以顺适的线形连接与配合，避免在凸形竖曲线的顶部或凹形竖曲线的底部插入小半径平曲线，从而使线形失去视线的诱导或产生扭曲感。凸形竖曲线的顶部或凹形竖曲线的底部不得与反向平曲线拐点重合，否则易造成判断失误。

避免平面转角小于 7° 的平曲线与坡度较大的凹形竖曲线组合，这种组合方式将使平面线形产生折点，易形成“暗凹”或“跳跃”现象。

第四，长直线不宜与坡陡或半径小且长度短的竖曲线组合。

第五，长的平曲线内不宜包含多个短的竖曲线；短的平曲线不宜与短的竖曲线组合。

（二）公路的结构组成

公路的结构组成主要包括：路基、路面、桥涵、排水系统、隧道（或地道）、防护工程、特殊构造物等部分。

1.路基

路基是公路行车部分的基础，是由土、石按照一定尺寸和结构要求所构成的带状土工构造物。路基横断面有路堤、路堑、半填半挖路基三种基本形式。

路堤，亦称填方路基，指路线高于天然地面时填筑而成的路基。

路堑，亦称挖方路基，指路线低于天然地面时开挖而成的路基。

介于上述两者之间的路基称为半填半挖路基。

路基为路面的支撑体，其结构必须稳定、坚实并符合规定的尺寸，以承受汽车荷载的作用，并防止水分及其他自然因素对路基本身的侵蚀和损害。

2.路面

路面是指路基顶面用各种材料分层铺筑而成的结构层。路面应具有足够的强度、平整度和粗糙度，以保证汽车以一定的速度安全、舒适地行驶。

按材料组成、结构强度和使用品质不同，路面有高级路面、次高级路面、中级路面和低级路面之分；按力学性质不同，路面有柔性路面和刚性路面之分。

3.桥涵

公路跨越河流、沟谷和其他障碍物时所使用的构筑物叫桥涵。标准跨径大于或等于 5 m，多孔跨径大于或等于 8 m 的构筑物叫桥梁，否则称为涵洞。

4.排水系统

为了确保路基稳定，避免受水的侵蚀，公路还应修建排水系统。公路排水系统按其排水方向分有纵向排水系统和横向排水系统。

常见的纵向排水系统有：边沟、截水沟、排水沟等。

常见的横向排水系统有：路拱、桥涵、透水路堤、过水路面、渡槽等。

公路排水系统按其排水位置不同又分为地面排水系统和地下排水系统。地面排水系统主要是排除危害路基的雨水、积水及外来水等地面水；地下排水系统主要是排除地下水和其他需要通过地下排除的水。盲沟是常见的公路地下排水结构物。

5.隧道（或地道）

公路穿过山岭、置于地层内或地面下的结构物称为隧道（或地道）。

6.防护工程

防护工程是指在陡峭的山坡上或沿河一侧，为保证路基的稳定，加固路基边坡所修建的构造物。常见的路基防护工程有：填石路基、砌石护坡、挡土墙、护脚及护面墙等。

7.特殊构造物

在山区地形、地质特别复杂的路段，为了保证公路连续、路基稳定，有时需修建一些特殊构造物，如悬出路台、半山桥、明洞等。

（三）沿线设施

除线形组成和结构组成外，为了保证行车安全舒适，各种沿线设施也是不可或缺的，主要有：

1.交通安全设施

交通安全设施是指为保证行车和行人安全，充分发挥公路的作用而设置的设施，如跨线桥、地道、信号灯、护栏、防护网、照明设施等。

2.交通管理设施

交通管理设施是指为保证良好的交通秩序，防止事故发生而设置的各种设施，如各种公路标志、紧急电话、可变（或不变）情报板、监控装置等。

3.交通服务设施

交通服务设施是指为汽车和乘客提供各种服务的设施，如加油站、维修站、停车场、食宿点等。

4.其他沿线设施

如绿化、小品建筑及装饰等。

二、公路等级的划分

根据公路的使用任务、功能和适应的交通量情况，交通运输部在 2014 年颁布的《公路工程技术标准》（JTG B01—2014）（以下简称《标准》）中，把公路分为五个等级：高速公路、一级公路、二级公路、三级公路和四级公路。

高速公路为专供汽车分方向、分车道行驶，全部控制出入的多车道公路。高速公路的年平均日设计交通量宜在 15 000 辆小客车以上。

一级公路为供汽车分方向、分车道行驶，可根据需要控制出入的多车道公路。一级公路的年平均日设计交通量宜在 15 000 辆小客车以上。

二级公路为供汽车行驶的双车道公路。二级公路的年平均日设计交通量宜为 5 000～15 000 辆小客车。

三级公路为供汽车、非汽车交通混合行驶的双车道公路。三级公路的年平均日设计交通量宜为 2 000～6 000 辆小客车。

四级公路为供汽车、非汽车交通混合行驶的双车道或单车道公路。双车道四级公路年平均日设计交通量宜在 2 000 辆小客车以下；单车道四级公路年平均日设计交通量宜在 400 辆小客车以下。

公路技术等级选用应遵循下列原则：公路技术等级选用应根据路网规划、公路功能，并结合交通量论证确定；主要干线公路应选用高速公路；次要干线公路应选用二级及二级以上公路；主要集散公路宜选用一、二级公路；次要集散公路宜选用二、三级公路；支线公路宜选用三、四级公路。

第二节　桥梁

一、桥梁的基本组成部分

一般桥梁由以下几个部分组成：

桥跨结构——在线路中断时跨越障碍的主要承载结构。

桥墩和桥台——支承桥跨结构并将恒载和车辆等活载传至地基的建筑物。通常设置在桥两端的称为桥台，桥台与路堤相衔接，以抵御路堤土压力，防止堤填土的滑坡和坍落。单孔桥没有中间桥墩。

基础——桥墩和桥台中使全部荷载传至地基的底部奠基部分，是确保桥梁能安全使用的关键。

上部结构是指桥梁的桥跨结构；下部结构是指桥梁的桥墩或桥台。

支座——在桥跨结构与桥墩或桥台的支承处所设置的传力装置。

锥形护坡——在路堤与桥台衔接处，在桥台两侧设置石砌护坡，以保证迎水部分路堤坡的稳定。

（一）桥梁基础

桥梁基础的形式主要包括：扩大基础、桩基础、管柱、沉井、地下连续墙。

1.扩大基础

由地基反力承担全部上部荷载，将上部荷载通过基础分散至基础底面，使之满足地基承载力和变形的要求。扩大基础适用于地基承载力较好的各类土层，根据土质情况分别采用铁镐、十字镐、挖掘机、爆破法等设备与方法开挖。

2.桩基础

桩基础能够将作用于桩顶以上的结构物传来的荷载传到较深的地基持力

层中去。当荷载较大或桩数量较多时，需在桩顶设承台将所有基桩联结成一个整体，共同承担上部结构的荷载。

桩基础包括：沉桩、钻孔灌注桩、挖孔灌注桩。

（1）沉桩

①锤击沉桩法，一般适用于松散、中密砂土、黏性土。

②振动沉桩法，一般适用于砂土、硬塑及软塑的黏性土和中密及较松的碎石土。

③射水沉桩法，适用于密实砂土、碎石土。

④钻孔埋置桩适用于在黏性土、砂土、碎石土中埋置大量的大直径圆桩。

（2）钻孔灌注桩

钻孔灌注桩适用于黏性土、砂土、砾卵石、碎石、岩石等各类土层。

（3）挖孔灌注桩

挖孔灌注桩适用于无地下水或少量地下水，且较密实的土层或风化岩层。如空气污染物超标，则必须采取通风措施。

3.管柱

管柱是一种深基础，埋入土层一定深度，柱底尽可能落在坚实土层或锚固于岩层中，作用在承台的全部荷载通过管柱传递到深层的密实土或岩层上。管柱适用于岩层、紧密黏土等各类紧密土质的基底，并能穿过溶洞、孤石支承在紧密的土层或新鲜岩层上，不适用于有严重地质缺陷的地区，如断层挤压破碎带或严重的松散区域。

4.沉井

沉井是桥梁墩台常用的一种深基础形式，有较大的承载面积，可以穿过不同深度的覆盖层，将基底放置在承载力较大的土层或岩面上，能承受较大的上部荷载。沉井适用于竖向和横向承载力大的深基础。

5.地下连续墙

地下连续墙墙体刚度大，主要承受竖向和侧向荷载，通常既要作为永久性结构的一部分，又要作为地下工程施工过程中的防护结构。地下连续墙通常可作为基坑开挖时的防渗、挡土或挡水围堰，或邻近建筑物基础的支护，或直接作为承受上部荷载的基础结构，适用于除岩溶和地下承压水很高处外的其他各类土层。

（二）桥梁墩、台结构

桥梁墩、台承担着桥梁上部结构所产生的荷载，并将荷载有效地传递给地基基础，起着“承上启下”的作用。

桥墩为多跨桥梁中的中间支承结构物，除承受上部结构产生的竖向力、水平力和弯矩外，还承受风力、流水压力及可能发生的地震力、冰压力、船只和漂流物的撞击力等。

桥台设置在桥梁两端，除了支承桥跨结构外，还是衔接两岸接线路堤的构筑物；它既要能挡土护岸，又要能承受台背填土及填土上车辆荷载所产生的附加土侧压力。

桥梁墩、台应有足够的强度、刚度和稳定性。在进行桥梁墩、台受力计算时，应根据可能出现的各种荷载情况进行最不利的荷载组合。

二、桥梁的主要类型

（一）梁式桥

目前，我国的中小跨径公路桥梁或者城市桥梁，大部分是钢筋混凝土或预应力混凝土梁式桥。

这两种桥梁具有能就地取材、能工业化施工、耐久性好、适应性强、整体性好以及美观等许多优点。预应力混凝土梁式桥更兼有节省钢材和跨越能力强的长处。

从承重结构的截面形式上分类，混凝土梁式桥可分为板桥、肋梁桥和箱形梁桥。

从受力特点上看，混凝土梁式桥可分为简支梁桥、连续梁桥和悬臂梁桥。

按施工方法分类，混凝土梁式桥又可分为整体浇筑式梁桥和预制装配式梁桥两类。

1.简支梁桥

由于简支梁桥在建成后外形上像一块薄板，因此习惯上称为板桥。

（1）整体式简支梁桥的构造

整体式简支梁桥一般做成实体式等厚度的矩形截面，为了减轻自重也可做成肋板式截面。

整体式简支梁桥一般使用跨径在 8 m 以下，其桥面宽度往往大于跨径。因此，在荷载作用下，桥面板实际上处于双向受力状态，即除板的纵向中部产生正弯矩外，横向也产生较大的弯矩。因此，当桥面板宽较大时，除配置纵向的受力钢筋外，尚应计算配置板的横向受力钢筋。

整体式简支梁桥行车道的主钢筋直径应不小于 12 mm，间距应不大于 20 cm，一般也不宜小于 7 cm；两侧边缘板带的主钢筋数量宜较中间板带（板宽 2/3 范围内）增加 15%；分布钢筋直径不小于 6 mm，间距不应大于 25 cm，并且在单位板长的截面面积一般不应少于主钢筋面积的 15%。

为保证混凝土结构在设计年限内具有足够的耐久性，混凝土内的钢筋不能被腐蚀。理论和实践均表明，钢筋腐蚀与混凝土保护层厚度和密实性有很大的关系。一般板的主钢筋与板缘间的净距（保护层厚度）应不小于 2 cm；设置钢筋网时，上、下层钢筋的混凝土保护层厚度不得小于 1.5 cm。

（2）装配式简支梁桥的构造

装配式简支梁桥的横截面形式主要有实心梁桥和空心梁桥两种。

①矩形实心梁桥。矩形实心梁桥具有形状简单、施工方便、建筑高度小等优点，一般跨径为 1.5～8 m，板高为 0.16～0.36 m，常用的桥面净空有净－7 m、

净－9 m 两种。

②空心梁桥。当跨径增大时，宜采用空心板截面，它不仅能减轻自重，而且能充分利用材料。

通常，对钢筋混凝土空心梁桥，采用的标准跨径为 8～13 m，板厚为 0.4～0.8 m；对预应力混凝土空心梁桥，采用的标准跨径为 8～16 m，板厚为 0.4～0.7 m。空心梁桥横截面的最薄处不得小于 7 cm，以保证施工质量和承载的需要。

装配式简支梁桥板块之间必须采用横向连接构造，以保证板块共同承担荷载作用。常用的横向连接方式有企口混凝土铰连接和钢板焊接连接。

企口混凝土铰连接形式有圆形、菱形和漏斗形三种。它是在块件安装就位后，在铰缝内用 C25～C40 细集料混凝土填实而成的；如果要使桥面铺装层也参与受力，则可以将预制板中的钢筋伸出与相邻板的同样钢筋互相绑扎，再浇筑在铺装层内。

实践证明：企口混凝土铰连接能保证传递横向剪力，使各块板共同受力。

由于企口缝内的混凝土需要养护一段时间才能通车，当需要加快工程进度、提前通车时，可采用钢板焊接连接。连接构造的纵向中距通常为 80～150 cm，跨中部分布置较密，向两端支点处逐渐减疏。

2.连续梁桥

（1）等截面连续梁桥

①跨径布置。等截面连续梁桥可选用等跨和不等跨两种布置方式。长桥、选用顶推法施工或者简支连续施工的桥梁，多采用等跨布置，这样做结构简单，模式统一。等跨布置的跨径大小主要取决于经济外孔和施工的设备条件。当标准跨径不能满足通航或桥下交通要求而需要加大个别跨的跨径时，常常不需改变高度，而是采用增加钢束和调整截面尺寸的方式予以解决，使桥梁外观仍保持等截面布置。这样做既可以使桥梁的立面协调一致，又能减少构件及模板的规格。

当标准跨径较大时，有时为减少边跨正弯矩，需要将边跨跨径取小于中跨的结构布置，一般边跨与中跨跨长之比在 0.6～0.8。

②力学特点及构造特点。超静定结构的连续梁在恒载和活载作用下，支点截面设计负弯矩一般比跨中截面设计正弯矩大，但在跨径不大时这个差值不是很大，可以考虑采用等截面形式，并采取一定的构造措施予以调节，从而简化主梁的构造。

边跨与中跨之比应不小于 0.6，高跨比一般为 1∶25～1∶15；在顶推施工的等截面连续梁桥中，梁高与顶推跨径之比一般为 1∶17～1∶12。

③适用范围。等截面连续梁桥一般适用于以下情况：桥梁一般采用中等跨径，以 40～60 m 为宜（国外也有达到 80 m 跨径的），这样可以使主梁构造简单，施工快捷；立面布置以等跨径为宜，也可以采用不等跨布置；有支架施工、逐孔架设施工、移动模架施工及顶推法施工。

（2）变截面连续梁桥

①跨径布置。主梁采用变截面形式的大跨径预应力混凝土梁桥，立面一般采用不等跨布置，但多于三跨的连续梁桥，除边跨外，其中间各跨一般采用等跨布置。当采用多于两跨的连续梁桥时，其边跨一般为中跨的 0.6～0.8 倍。三跨连续梁用得最为广泛，当采用箱形截面的三跨连续梁时，边孔跨径甚至可减少至中孔的 0.5～0.7 倍。有时为了满足城市桥梁或跨线桥的交通要求而需增大中跨跨径，可将边跨跨径设计成仅为中跨的 0.5 倍或更小，在此情况下，端支点上将出现较大的负反力，故必须在该位置设置能抵抗拉力的支座或压重以消除负反力。

连续梁桥连续超过五跨时的内力情况虽然与五跨的相差不大，但连续过长会增大温度变化的附加影响，造成梁端伸缩量很大，需设置大位移量的伸缩缝，因此连续孔数一般不超过五跨。当需要在宽阔的河流或旱谷上修建很多孔连续梁时，通常可按 3～5 孔为一联分联布置，联与联的衔接处，像简支梁桥一样，通过两排支座支撑在一个桥墩上口。为了使边跨与中跨的梁高和配筋接近协调一致，连续梁桥各孔跨径的划分，通常按照边跨与中跨跨中最大弯矩趋近于相等的原则来确定，因此也要布置成对称于中央孔的不等跨径。

②力学特点及构造特点。主跨跨径接近或大于 70 m 的大跨径预应力混凝土梁桥一般采用变截面形式。其原因是大跨度桥梁在恒载和活载作用下，支点截面设计负弯矩一般比跨中截面的设计正弯矩大，因此主梁采用变截面形式才符合受力要求，高度变化基本上与内力变化相适应。

梁底立面曲线可采用折线、圆弧线和抛物线等，用得较多的是二次抛物线，因为二次抛物线的变化规律与连续梁的弯矩变化规律基本接近。采用折线形截面变化布置可使桥梁的构造简单，施工方便。在大跨度预应力混凝土连续梁桥中，除截面高度变化外，还可将截面的底板、顶板和腹板做成变厚度，以满足主梁内各截面的不同受力要求。

在变截面连续梁中，支点截面梁高与最大跨径之比一般为 1∶18～1∶16。跨中截面梁高通常为支点截面梁高的 1/2.5～1/1.5。

③适用范围。当连续梁的主跨跨径达到 70 m 及以上时，从结构受力和经济的角度出发，主梁采用变截面布置符合梁的内力变化规律；采用变截面布置适合悬臂法施工（悬臂浇筑和悬臂拼装两种），施工阶段的主梁内力与运营阶段的主梁内力基本一致；③采用变截面结构外形美观，可节省材料并增大桥下净空高度。

大跨度预应力混凝土连续梁桥采用悬臂法施工时，存在墩梁临时固结和体系转换的工序，对结构稳定性应加以重视，施工较为复杂；此外，主墩需要布置大型橡胶支座，存在养护上甚至更换上的麻烦。

3.悬臂梁桥

悬臂梁桥分为双悬臂梁桥和单悬臂梁桥。

与简支梁桥相比较，悬臂梁桥由于支点负弯矩的存在，跨中正弯矩显著减小，故可以减小跨度内主梁的高度，从而可降低钢筋混凝土用量和结构自重，而这本身又导致了恒载内力的减小。

悬臂梁桥的内力不受基础不均匀沉降的影响。与多孔简支梁桥相比较，悬臂梁桥的一个重要特点是：从桥的立面上看，在桥墩上设置一排沿墩中心布置的支座，可相应地减小桥墩的尺寸。

从运营条件来看，悬臂梁桥和简支梁桥均不是很理想，简支梁桥在梁与梁衔接处以及悬臂梁桥在悬臂端与挂梁衔接处的挠曲线都会发生不利于行车的折点，并且伸缩装置需经常更换。

钢筋混凝土的悬臂梁桥在支点附近负弯矩区段内，梁的上翼缘受拉，不可避免要出现裂缝，雨水易于浸入梁体，而且其构造也较简支梁桥复杂。鉴于上述缺点，这种桥型目前在我国已不大采用。

（二）拱桥

拱桥是一种常用的桥梁形式。拱桥与梁桥不仅在外形上不同，而且在受力性能上也有着较大的区别。拱桥在竖向荷载作用下，两端支承处除有竖向反力外，还产生水平推力。正是由于这个水平推力的作用，拱内弯矩大大减小。如果拱的形状设计得合理，则还可以使拱承受主要压力，而弯矩、剪力较小。

1.拱桥的组成

拱桥和其他桥梁一样，也是由桥跨结构（上部结构）和下部结构两部分组成。主拱圈是主要承重构件，承受桥上的全部荷载，并把荷载传递给墩台及基础。由于主拱圈是曲线形，车辆无法直接在其上行驶，所以对实腹拱桥，需在水平桥面与主拱圈之间布置填充物；对空腹拱桥，需在主拱圈之间布置填充物，在行车道系与主拱圈之间布置传力构件。这些主拱圈以上的行车道系和传力构件或填充物统称为拱上建筑。

拱桥的下部结构包括桥墩、桥台和基础，用以支撑桥跨结构，将桥跨结构的全部荷载传至地基。桥台还起到与两岸路堤相连接的作用，使路桥形成一个协调的整体。

2.拱桥的分类

拱桥的形式多样、构造各异，可以按照不同的方式来进行分类。

（1）按行车道的位置分类

根据行车道的位置，拱桥的桥跨结构可以做成上承式、中承式和下承式三种类型。就构造来讲，上承式拱桥较为简单，广为采用，其上部结构是由主拱圈（拱肋或拱箱，简称主拱）及拱上建筑（又称拱上结构）组成的。

（2）按结构体系分类

①简单体系拱桥。在简单体系的拱桥中，上承式拱桥的拱上建筑或中承式、下承式拱桥的拱下悬吊结构，不与主拱一起承受荷载。桥上的全部荷载由主拱单独承受，主拱是桥跨结构的主要承重构件。拱的水平推力直接由墩台或基础承受。

按照主拱的受力特点，简单体系的拱桥又可以分成三铰拱桥、双铰拱桥、无铰拱桥三种。

②组合体系拱桥。在拱式桥跨结构中，考虑行车道系结构与拱圈共同受力，可使用组合体系的拱桥（组合拱）。由于行车道系与主拱的组合方式不同，其静力图也不同。组合拱可分为无推力的和有推力的两类；同样，也可以做成上承式或下承式。

（3）按主拱圈截面分类

拱桥的主拱圈沿拱轴线可以做成等截面或变截面形式。等截面拱构造简单，施工方便，使用普遍。

主拱圈的横截面形式很多。如果主拱圈的横截面采用整块的实体矩形截面，就称为板拱。其特点是构造简单，施工方便，但截面抗弯惯性矩不大，适用于中、小跨度的砌体拱桥。

为了节省材料，减轻结构自重，可将整块的实体矩形截面划分为两条（或多条）分离式的肋，以加大拱圈高度，提高截面的抵抗矩，这样就形成了由几条肋组成的拱桥，称为肋拱。肋拱桥的材料用量一般比板拱桥少，多用于较大跨度的拱桥。因拱肋是受压构件，就需要考虑其稳定问题。当两拱肋都位于竖向平面时，可以在两拱肋之间沿拱设置横向连接系。当两拱肋分别位于向内倾斜的面时，两拱肋的拱顶部分相互靠近，使连接系更易设置，对增进稳定有益，这时，因拱肋很像提篮的把手，故称其为提篮拱。

若拱圈为箱形截面，则称为箱拱。由于截面挖空，箱拱的截面抗弯惯性矩远大于相同截面面积的板拱，从而能大大减小弯曲应力并节省材料。另外，闭口箱形截面的抗扭刚度大，结构的整体性和稳定性均较好。它是国内外大跨度钢筋混凝土拱桥主拱圈截面的基本形式。

3.拱桥的设计

（1）拱桥的总体设计

通过必要的桥址方案比较确定了桥位之后，即可根据当地水文、地质、地形等具体情况进行拱桥的总体设计。总体设计是否合理，考虑问题是否全面，不但直接影响桥梁的总造价，而且会对以后桥梁的使用、维护和管理造成直接的影响。因此，拱桥的总体设计十分重要。一个好的设计往往就体现在总体设计的优劣上。

总体设计的主要内容包括桥梁的长度、跨径、孔数、桥面标高以及主拱圈的矢跨比等。这里只阐明在具体设计拱桥中如何确定设计标高和矢跨比等问题。

拱桥的标高主要有四个，即桥面标高、拱顶底面标高、起拱线标高、基础底面标高。这几项标高的合理确定对拱桥的设计有直接的影响。

拱桥桥面标高是指桥面与路缘石相接处的高程。一方面，其由两岸线路的纵断面设计来控制；另一方面，还要保证桥下净空能满足泄洪及通航的要求。设计时应按规定，综合考虑有关因素，并与有关部门（如航运、防洪、水利等部门）商定。

桥面标高确定之后，由桥面标高减去拱顶处的建筑高度即可得到拱顶底面的标高。拱顶处的建筑高度包括拱顶填料厚度（30～50 cm）及拱圈厚度。

在拟定起拱线标高时，为了减小墩台基础底面的弯矩，节省墩台的砌筑数量，一般宜选择低拱脚设计方案。但在具体设计时，拱脚的位置往往又受到通航净空、排洪、流水等条件的限制。

至于基础底面的标高，主要根据冲刷深度、地质情况及地基承载能力等因素确定。

当拱顶、拱脚的标高确定后，根据分孔时拟定的跨径，即可确定拱的矢跨比。拱桥主拱圈的矢跨比是拱桥设计的主要参数之一。它不仅影响拱圈内力，还影响拱桥施工方法的选择，同时还会影响拱桥的外形与周围景物相协调的程度。

石、混凝土板拱桥的矢跨比一般为1∶8～1∶4；钢筋混凝土箱拱桥的矢跨比一般为1∶10～1∶6，拱桥的矢跨比不宜小于1∶12。矢跨比大于或等于1∶5的拱桥称为陡拱；矢跨比小于1∶5的称为坦拱。

（2）拱轴线的设计

拱式结构受力的本质是：在竖向荷载作用下，支撑处不仅产生竖向反力，而且产生水平推力。正是由于水平推力的存在，拱内的弯矩和剪力大大减小，主拱圈主要承受压力。拱轴线线形不仅直接影响着拱圈的内力分布及截面应力的大小（拱圈的承载能力），而且与结构的耐久性（开裂影响）、经济合理性和施工安全性等都有密切的关系。因此，选择拱轴线的原则，就是要尽可能降低由于荷载产生的弯矩数值。最理想的拱轴线是使其与拱上各种荷载作用下的压力线相吻合，使拱圈截面内只受轴向压力而无弯矩作用，截面应力均匀分布，充分利用材料的强度和砌筑材料的抗压性能。但事实上，这种拱轴线是不可能获得的，因为除恒载外，拱圈还要受到活载、温度变化和材料收缩等因素的作用。

一般来说，拱桥设计中所选择的拱轴线应满足以下四个方面的要求：①尽量减小拱圈截面的弯矩，使主拱圈在计入弹性压缩、均匀温降、混凝土收缩等影响下各主要截面的应力相差不大，且最大限度地减小截面拉应力，最好是不出现拉应力；②对于无支架施工的拱桥，应能满足各施工阶段的要求，并尽可能少用或不用临时性施工措施；③计算方法简便，易为生产人员掌握；④线形美观，便于施工。

（三）斜拉桥

斜拉桥指用锚固在塔、梁上的若干拉索吊住梁跨结构的桥，也叫斜张桥。其主要组成部分为主梁、拉索和索塔。与一般梁式桥相比，主梁除支承于墩身上外，还支承在由索塔引出的拉索上。斜拉桥的特点是从索塔上用若干拉索将梁吊起，相当于使主梁在跨内增加了若干弹性支点，从而大大减少了梁内弯矩，使梁高降低并减轻重量，提高了梁的跨越能力。当然，拉索对梁的这种弹性支承作用，只有在拉索处于拉紧状态时才能得到充分发挥。因此，必须在桥梁承受活载之前对拉索进行张拉。这种体系的优点是：梁体尺寸较小，桥梁的跨越能力增大；受桥下净空和桥面高程的限制少；抗风稳定性比悬索桥好；不需悬索桥那样的集中锚碇构造；便于采用悬臂施工等。另外，由于它是多次超静定结构，设计计算复杂；索与梁或塔的连接构造比较复杂；施工中高处作业较多，且施工控制等技术要求严格。

1.斜拉桥的分类

（1）按孔跨布置形式分类

斜拉桥最典型的孔跨布置形式为双塔三跨式与独塔双跨式。在特殊情况下，斜拉桥也可以布置成独塔单跨式及多塔多跨式等。

双塔三跨式是一种最常见的斜拉桥孔跨布置形式。由于它的主孔跨度较大，一般适用于跨越较大的河流、河口和海面。在跨越河流时，可用主孔一跨跨越，将两个桥塔设在河滩浅水处，两个边跨设在靠岸边；也可以将两个桥塔设在河中，用三孔来跨越整个河道或主航道。

双塔三跨式斜拉桥可以布置成两个边跨跨度相等的对称形式，也可以布置成两个边跨跨度不等的非对称形式，可根据需要在两边跨内布置数量相等或不等的中间辅助墩，以提高结构体系的刚度。

独塔双跨式斜拉桥是一种较为常见的斜拉桥孔跨布置形式，由于它的主孔跨径一般比双塔三跨式的主孔跨径小，故特别适用于跨越中等宽度的河流、谷地及交通道路。当采用双塔不经济时，可采用独塔跨越较宽河流的主航道部分，例如美国东亨丁顿桥、我国四川宜宾金沙江中坝大桥等。采用独塔双跨式时，根据河道情况，可以用两跨跨越河流，将桥塔设在河道中适当位置；也可以用主跨跨越河流，将桥塔及边跨设在河流的岸边。

独塔双跨式斜拉桥可以布置成两跨不对称的形式，即分为主跨与边跨；也可以布置成两跨对称的形式，即等跨。其中，以两跨不对称的形式较多，也较合理。

为增加主跨跨度，可将独塔双跨式斜拉桥的主跨梁端与连续梁（刚构）相连，形成带协作体系的斜拉桥，如广东西江金马大桥。另外，在适宜的地形条件下，有时也可采用独塔单跨式斜拉桥，此时边跨跨度很小甚至没有边跨，靠岸边的斜拉索（背索）直接锚固在地面锚碇上。在跨越宽阔水面或谷地时，由于桥梁长度大，必要时也可采用三塔或多塔斜拉桥，如我国宜昌夷陵长江大桥（三塔）、香港汀九大桥（三塔，塔高不同），希腊里奥-安托里恩桥（四塔）和法国米约高架桥等。由于中间桥塔没有端锚索来有效地限制塔顶的水平变位，多塔斜拉桥的结构柔性会有所提高。

（2）按主梁的支撑条件分类

斜拉桥在索塔处及墩（含辅助墩）处的支撑形式对主梁的受力及结构的使用性能影响较大。按主梁支撑条件不同，其可分为连续梁式和连续钢架式等。连续梁式往往在墩台支撑处仅用一个固定铰支座，其余为活动支座，梁的温度变位、水平变位等则由斜索予以约束。主梁采用连续梁式可以获得连续梁桥的主要优点，如行车顺畅、伸缩缝少，便于采用连续梁桥的各种施工方法等。目前广泛采用的形式，称为半漂浮体系。若将中间支点的支撑改为吊索，就形成漂浮体系，可以减少索塔支点处梁的负弯矩，但梁的横向变位应加以约束。连续钢架式与一般钢架的不同之处在于，梁、墩与塔在支点处连成整体，形成十字固结，此处要抵抗很大的负弯矩，因此主梁截面构造较复杂。这类形式有利于简化平衡对称施工，且抵抗中跨变形的刚度较大。

（3）按拉索布置形式分类

①拉索的索面位置。拉索按其所组成的平面，通常分为单索面拉索和双

索面拉索。双索面又可分为双平行索面和双斜索面。双平行索面又有两种布置方式：一是将两索面布置在桥面外缘；二是将两索面布置在桥面宽度之内（如人行道内侧）。

当索塔在横向为A形、钻石形等时，就可能需要双斜索面与之配合。双斜索面的拉索可以提高梁的抗扭能力，抗风动力性能较好。

单索面设置在桥梁纵轴线上，这对设置分车带的桥梁特别合适，基本上不需要增加桥面宽度，具有最小的桥墩尺寸和简洁的视觉效果。但是，单索面拉索只能支撑竖向荷载，由于竖向不对称活载或横向荷载（如风力）的作用而使主梁受扭，主梁横截面宜采用闭合箱梁。

对于特殊情况，可能采用三索面，如武汉天兴洲公铁两用桥，为突出桥梁造型，只在主跨内布置斜索，而取消边跨内或岸侧的斜索。具有这样索面布置的斜拉桥称为“无背索斜拉桥”，多在倾斜的独塔斜拉桥中采用。

②拉索的索面形状。

第一，辐射形。这种布置方法是将全部拉索汇集到塔顶，使各根拉索都具有可能的最大倾角。由于索力主要由其垂直分力的需要而定，因此索的拉力及截面可较小；而且辐射索使结构形成几何不变体系，对变形及内力分布都有利。这种做法的不足之处是：有较多数量的拉索汇集到塔顶，将使锚头拥挤，构造处理较困难；塔身从顶到底都受最大压力，自由长度较大，塔身刚度需保证压曲稳定的要求。

第二，扇形。扇形是介于辐射形和平行形之间的形式，一般在塔上和梁上分别按不同的等间距布置，兼顾了以上两种形式的优点而弥补了其不足，因此应用广泛。

第三，平行形。平行形中各拉索彼此平行，各索倾角相同。各对拉索分别锚固在塔的不同高度上，于是索与塔的连接构造易于处理；由于倾角相同，各索的锚固构造相同，塔中压力逐段向下加大，有利于塔的稳定。但是索的用钢量较大；由于各对索力的差别，将在塔身各段产生较大的弯矩；由于是几何可变体系，对内力及变形的分布较不利，不过可以通过采用在边跨内设置辅助墩的办法来加以改善。

除此以外，拉索的索面形状还有星形（索在塔上分散锚固，在梁上汇集于一处）、混合形（中跨为扇形，边跨为平行形或其他形状，多配合独塔斜拉桥采用）、曲面形（索面形成空间曲面状，可用于讲究桥梁造型的城市桥梁和人行桥）等。在正常情况下，所有斜拉索的下端均锚固于梁体。在特殊情况下，也可将边跨靠外的部分长索（锚索）锚固于地面。

③索距的选择。根据拉索在主梁上的间距，有稀索斜拉桥（对于钢梁，间距为 30～60 m；对于混凝土梁，间距为 15～30 m）与密索斜拉桥（6～8 m）之分。早期斜拉桥多采用稀索，目前则多用密索。密索斜拉桥有下述优点：索间距较短，主梁弯矩可减小；每根索的拉力较小，锚固点的构造简单；悬臂施工时所需辅助支撑较少，甚至可以不要；每根拉索的截面及受力较小，易于更换。

④索塔的布置形式。斜拉桥索塔的布置形式分为沿桥纵向的布置形式和沿桥横向的布置形式，其中，后者又因索面的布置位置不同而有所差异。索塔的纵向形式一般为单柱形。当索塔的纵向刚度较大，或者需要有 2 根或 4 根塔柱来分散索塔的内力时，常常做成倒 V 形、倒 Y 形等。倒 V 形也可增设一道中间横梁变为 A 形。

在斜拉桥的总体布置中，索塔高度与拉索的倾角有关，故其也是涉及工程技术经济指标的一个重要参数。桥塔的有效高度一般从桥面以上算起。桥塔越高，拉索的倾角越大，斜拉索垂直分力对主梁的支撑效果也越好，但桥塔与拉索的材料用量也要增加。因此，桥塔的适宜高度要通过经济比较来决定。

2.斜拉桥的构造

（1）主梁截面

斜拉桥的主梁截面形式根据所用材料（混凝土、钢或两者混合使用）及索面的布置方式有所不同。一般来说，在主梁的横截面形式方面，梁式桥主梁的不少横截面形式都可用于斜拉桥，但需注意到由于梁在跨间支撑在一排或两排拉索支点上，因此要求横截面的抗扭刚度比较好，而且便于与主梁连接。

拉索钢梁的常用横截面形式主要有双主梁、钢箱梁、桁架梁等。双主梁一般采用两根工字形钢主梁或钢箱梁，上置钢桥面板，主梁之间用钢横梁连接。钢箱梁截面的形式多样，有单箱单室、多箱单室、多箱多室等布置；为提高抗风稳定性，大跨度钢斜拉桥往往采用扁平钢箱梁。斜拉桥采用钢桁梁则主要是为了满足双层桥面（公铁两用）的布置需要。

钢斜拉桥（以及后述悬索桥的加劲梁）的桥面往往采用正交异性板。它是指在钢桥面板（或钢箱梁上翼缘）下布置纵向及横向的、开口或闭口的加劲肋而形成的一种桥面构造，因加劲肋在平面纵横两个方向上正交且桥面板在两个方向的抗弯惯性矩不同而得名。

结合梁（钢梁与混凝土桥面板）斜拉桥在 20 世纪 80 年代才得到发展。与混凝土主梁相比，结合梁自重较小、施工方便；与正交异性钢桥面板相比，混凝土桥面板耐磨耗、造价低。由于构件的工厂制造化程度较高、易于组装，结合梁斜拉桥的建造费用较低。

（2）索塔

斜拉桥索塔的主要构件是以承受压力为主的塔柱。塔柱可竖直或倾斜布置，可取单根或多根。当采用多根时，各塔柱之间需布置横梁。混凝土斜拉桥常用的花瓶形索塔，整个塔柱由上、中、下三段组成；为简化设计和施工，拉索锚固区可集中布置在上塔柱内。主梁的中间支座布置在下横梁上，该横梁不仅为主梁提供支撑，还得承受塔柱因转折而产生的拉力。上横梁主要起联系作用，有必要时，也可在塔顶增设横梁。

根据材料划分，索塔有混凝土塔、钢塔和钢混结合的索塔。

混凝土斜拉桥和一部分钢斜拉桥采用混凝土塔，其优点表现在：塔身刚度较大，造价较低易于成形，养护简单。索塔或塔柱的基本截面形状是矩形，在此基础上，可变化为五角形（矩形靠桥外侧的一边形成转折）、六角形（矩形靠桥上、下游侧的两边均形成转折）、八角形（去掉矩形的四个角）等。对中小跨度的斜拉桥，多采用实心截面；对大跨度的斜拉桥，宜采用空心截面。

当塔柱为空心截面时，横梁也多如此。沿塔柱高度，可保持截面不变（对中小跨度）或有所变化（尤其对下塔柱）。另外，在拉索锚固区，应水平设置井字形或双 U 形预应力钢筋，以保证传力可靠，避免混凝土受拉沿塔柱竖向开裂。

钢混结合的索塔指出于某种需要（如防撞击、防混凝土开裂等），让索塔的下塔柱采用混凝土，其余为钢（如南京长江三桥）；或让拉索锚固区为钢，其余为混凝土（如苏通长江大桥）。比照混合梁斜拉桥的定义，可将这类索塔称为混合塔。其关键技术是要处理好钢混结合段的设计与施工。

（3）拉索

拉索对斜拉桥的工作状态影响很大，而且造价占全桥的25%～30%，因此对其构造要予以高度重视。

斜拉桥的拉索材料一般沿用悬索桥的大缆所采用的材料或预应力钢筋所用材料。目前，在世界范围内用得较多的有平行钢丝索、钢绞线索和封闭式钢索等，在某些斜拉桥上也用过高强钢筋和型钢。我国斜拉桥常用 7 mm 高强钢丝组成的平行钢丝索或 15 mm 钢绞线组成的平行钢绞线索。

少数斜拉桥将平行排列的粗钢筋作为拉索。粗钢筋抗锈蚀能力好，便于锚固，但强度较低，材料长度较短（有时需要接长），运用有一定困难，故在斜拉桥中用得较少。

平行钢丝索在工厂制造，通常配合具有良好抗疲劳性能的冷铸镦头锚使用。通常先在锚板上钻孔（孔径稍大于钢丝直径），然后穿过钢丝，使用镦头机在钢丝端头镦头，最后进行整体张拉锚固，镦头就被支撑在锚板上。平行钢绞线索在工厂制成半成品（对每股钢绞线均进行防护处理），在现场装配成整索，需配合夹片锚使用。拉索用夹片锚为群锚体系，挂索张拉时，需先对每股钢绞线单独施锚，并采取措施保证各股钢绞线受力均匀，保证夹片在低应力状态下不松脱，然后按要求进行整体张拉。

（四）悬索桥

悬索桥是一种适用于特大跨度的桥型。它以大缆（或称主缆、主索）、锚碇和桥塔为主要承重构件，以加劲梁（或称刚性梁）、吊索、鞍座等为辅助构件。

1.悬索桥的优缺点

同其他桥型相比，跨度越大，悬索桥的优势越明显。

优势之一是在材料用量和截面设计方面。其他各种桥型的主要承重构件的截面面积，总是随着跨度的增加而增加，致使材料用量增加很快。但大跨悬索桥的加劲梁却不是主要承重构件，其截面面积并不需要随着跨度而增加。

优势之二是在构件设计方面。许多构件截面面积的增大是受到客观制约的，例如梁的高度、杆件的外廓尺寸、钢材的供料规格等，但增加悬索桥的大缆、锚碇和桥塔这三项主要承重构件的截面面积或提高其承载能力则相对容易。

优势之三是作为主要承重构件的大缆受拉，充分发挥钢材的抗拉强度高的优势，受力合理。

优势之四是在施工方面。悬索桥的施工总是先将大缆架好，这样，大缆就是一个现成的悬吊式支架。在架梁过程中，加劲梁段可以挂在大缆之下，为了防御飓风的袭击，虽然也必须采取防范措施，但同其他桥所用的悬臂施工方法相比，风险较小。

悬索桥由于跨越能力大，常可因地制宜地选择一跨跨过江河或海峡主航道的布置方案，这样可以避免修建深水桥墩，满足通航要求。

悬索桥也有一些缺点：由于悬索是柔性结构，刚度较小，当活载作用时，悬索会改变几何形状，引起桥跨结构产生较大的挠曲变形；在风荷载、车辆冲击荷载等动荷载作用下容易产生振动。

2.悬索桥的构造

（1）大缆

缆、索、链、绳都是指柔性大的构件，独立的、直径较大的柔性构件称为缆。其特点是抗弯刚度很小，而抗拉刚度可以很大，故只适合受拉。

①大缆的类型及基本要求：悬索桥的大缆可采用钢丝绳和平行钢丝束两种形式，前者一般用于中小跨度（跨度 500 m 以下）的悬索桥，后者则适用于各种跨度的悬索桥。用于悬索桥的钢丝绳可以是螺旋钢丝绳，也可以是绳股钢丝绳。平行钢丝束的架设方法分为空中纺线法和预制平行丝股法。前者是指在施工现场通过移动的纺轮在空中逐丝编制，后者是指预先在工厂按规定的钢丝根数及长度制成丝股并做好锚头，绕在丝股盘上，然后运到现场通过牵引系统架设到设计位置。

②大缆的矢跨比和安全系数：大缆的矢高与跨度之比称为矢跨比。矢跨比越小，大缆中的恒载内力就越大，其刚度也就越大。通常，恒载小的桥所用的矢跨比小。桁式加劲梁的悬索桥矢跨比往往较大，而梭状扁平钢箱加劲梁的矢跨比往往较小，一般在 1∶12～1∶9。在选择矢跨比时，主要考虑结构布置、经济性、美观度和结构抗风稳定性等。

大缆的安全系数主要由以下因素决定：大缆的构造、计算精度、恒载应力与活载应力之比、二次应力的影响、应力不均匀的程度、结构物的重要性等。选取适当的值作为大缆的安全系数，做到既保证结构的安全又经济合理，是降低悬索桥大缆材料用量的关键。国外早期悬索桥大缆的安全系数取得比较大。

（2）桥塔

桥塔的作用是支撑大缆。悬索桥的桥塔按其材料可分为砌体桥塔、钢桥塔和钢筋混凝土桥塔。早期的悬索桥多采用由石料砌筑的门架形桥塔结构。在 20 世纪修建的大部分悬索桥（特别是美国和日本的）桥塔采用钢结构。钢桥塔在桥梁横向的结构形式可分为带斜腹杆的桁架形式、只带横杆的刚构形式和以上两者的混合形式。一般来说，桁架式桥塔在塔顶横向水平位移、用钢量、功能性及经济性方面均有优势，但在外观上不如刚构式简洁明快。随着混凝土技术的发展，特别是爬升模板问世以来，大跨度悬索桥的桥塔开始采用钢筋混凝土结构。钢筋混凝土桥塔只采用带横杆的刚构形式。

（3）锚碇

锚碇是对锚块基础（有扩大基础、地下连续墙、沉井基础、桩基础等多种形式）、锚块、大缆锚固系统及防护结构等的总称。它是固定大缆的端头、防止其走动的巨大构件。悬索桥大缆两端的锚固方式有地锚（锚碇设在两岸上）与自锚（将大缆锚固于加劲梁端部）两种形式。绝大部分悬索桥采用地锚。自锚不需要修建大体积的锚碇，但应用情况较少，并且只限于小跨度，这是因为大跨度悬索桥的大缆内力值远远超过其加劲梁的承受能力。从施工方面讲，自锚悬索桥需先架设加劲梁，后架设大缆，这使施工尤其困难。因此，只在小跨度的城市悬索桥中，因两岸建筑物密集，无场地或无良好地质条件可用作地锚时，才考虑自锚体系。

当大缆在锚碇前墙处需要展开成丝股并改变方向时，需设置大缆支架。大缆支架可以设置在锚碇之外，也可以设置在锚碇之内。大缆支架主要有三种形式，即钢筋混凝土刚性支架、钢制柔性支架及钢制摇杆支架。当采用钢筋混凝土刚性支架时，其底部必须设置辊筒，以适应大缆的伸缩。

（4）加劲梁

悬索桥加劲梁的作用不像斜拉桥那样大，它主要起支撑和传递荷载的作用。现已建成的悬索桥的加劲梁大都沿桥纵向等高度，一般采用钢桁架梁或梭状扁平钢箱梁。

钢桁架梁在双层桥面的适应性方面具有优势，因此适用于交通量较大或公铁两用的悬索桥。其立面布置多采用有竖杆的简单三角形形式，其横向布置应根据是否设双层桥面而定，桥面常采用钢筋混凝土板或正交异型钢桥面板。

梭状扁平钢箱梁的优点是：建筑高度小，自重较钢桁架梁轻，用钢量少，结构抗风性能好（风的阻力系数仅为钢桁架梁的 1/4～1/2）。

（5）索夹及吊索

作用于悬索桥加劲梁上的恒载及活载通过吊索传给大缆。为保证传力途径安全可靠，需在大缆上安装索夹。索夹由铸钢制作，分成左、右两半或上、下两半，安装之后，用高强螺杆将两半拉紧，使索夹内壁对大缆产生压力，防止索夹沿大缆向低处滑动。

吊索可用钢丝绳、平行钢丝束或钢绞线等材料制作。吊索的下端与加劲梁连接，上端与主缆连接。上端连接有两种方式：一种方式是采用销钉连接，在索夹（此时为上、下两半）下半的下垂板（又称吊耳）上设置销钉孔眼，吊索上端设开口套筒，两者通过销钉相连；另一种方式是让吊索绕过索夹（此时为左、右两半），让吊索骑挂在索夹上，这类吊索常用钢丝绳制作，为避免过大直径钢丝绳绕过索夹时钢丝绳破断力降低太多，在每一索夹处常用两对直径较小的吊索。目前，销钉连接方式用得较多。

吊索的安全系数要比大缆高得多，这主要是考虑到吊索的疲劳（风与车辆引起的振动）、设计制作及安装误差等的影响。国内外吊索的安全系数一般取3.0～4.5。

（6）鞍座

鞍座是设在塔顶及桥台上直接支撑大缆并将大缆荷载传递给塔及桥台的装置。设在塔顶的鞍座叫主鞍，用作大缆跨过塔顶的支撑，承受大缆产生的巨大压力并传递给桥塔。

主鞍一般由铸钢件构成，随着焊接技术的发展，目前的鞍座大多采用铸焊结合结构。鞍槽采用铸钢件，鞍槽下的支撑结构用厚钢板的焊接结构，鞍槽与支撑结构之间也用焊接。为方便吊装，往往将主鞍在纵向分为两段或三段，吊装到塔顶后用高强度螺栓连接成一体。

鞍座的弯曲半径关系到大缆的弯曲应力和大缆与鞍座的接触压力。大缆的弯曲应力与弯曲半径成反比，削弱大缆拉力强度的接触压力也同样与弯曲半径成反比，因此确定鞍座的半径时必须对这些方面加以充分考虑。一般悬索桥的主鞍半径是大缆直径的 8～12 倍。

第二章　路面施工技术

第一节　路面的基础认识

一、公路对路面的基本要求

为了保证汽车能全天候地在路面上安全、快速、舒适行驶，对路面提出如下基本要求：

（一）具有足够的承载能力

路面结构的承载能力包括强度和刚度两个方面。路面结构的强度是指抵抗车轮荷载引起的各个部位的各种应力（如压应力、拉应力、剪应力等），保证不发生压碎、拉断、剪切等各种破坏的能力。路面结构的刚度是指抵抗车轮荷载引起的变形，保证不发生过量的变形，不发生沉陷、波浪或车辙等病害的能力。

需强调的是，这里的强度应包括修建路面的原材料（如砂石、水泥等）以及复合材料（如水泥混凝土、沥青混凝土）和路面结构的强度。

（二）具有足够的稳定性

路面结构的稳定性是指路面结构在水和温度等自然因素的作用下，能较好地保持其设计要求的几何形态及物理、力学性能的能力。路面结构的稳定性主要包括温度稳定性（高温稳定性和低温抗裂性）、水稳定性、大气稳定性等。

1.高温稳定性

在高温季节，沥青路面软化，在车轮荷载作用下会产生较大的变形。水泥混凝土路面面板在高温季节会翘曲变形，在车轮荷载的反复作用下，则易产生裂缝或出现断板现象。

2.低温抗裂性

在低温冰冻季节，沥青路面、水泥混凝土路面、半刚性基层由于低温会产生大量收缩裂缝。

3.水稳定性

大气降水会使路面结构内部的湿度状态发生变化。例如水泥混凝土路面，如果不能及时将水分排出结构层，就会发生唧泥现象；水泥混凝土路面接缝渗入的水，在车轮荷载的反复作用下，会冲刷基层，导致结构层提前破坏。沥青混凝土路面，由于水分的侵蚀，会出现沥青结构层剥落或松散的现象。砂石路面，在雨季会因雨水冲刷和渗入结构层而导致强度下降，产生沉陷、松散等病害。

4.大气稳定性

太阳的照射、空气中氧气的氧化作用等都会对沥青路面材料和结构产生作用，如果没有足够的抵抗大气破坏的能力，沥青材料则会出现老化而失去原有的技术品质，导致沥青路面开裂、剥落，甚至出现大面积松散破坏。

（三）具有足够的表面平整度

不平整的路面表面会增大行车阻力，并使车辆产生附加的振动作用。这种振动会造成行车颠簸，影响行车的速度和安全、驾驶的平稳和乘客的舒适感。同时，振动作用还会对路面施加冲击力，从而加剧路面和汽车机件的损坏以及轮胎的磨损，并增大燃油的消耗。另外，不平整的路面还会积滞雨水，加速路面的破坏。因此，要求路面具有与公路等级相应的足够的表面平整度。

（四）具有足够的表面抗滑性能

路面表面抗滑性能又称粗糙度，是指路面能够提供汽车车轮在其上安全行驶所需要的足够附着力（或称摩擦力）的性能，通常用摩擦系数或构造深度来表示。

路面表面要求平整，但不能光滑。汽车在光滑的路面上行驶，车轮与路面之间缺乏足够的附着力，雨天高速行车、紧急制动或突然起动、爬坡或转弯时，车轮易产生空转或打滑，致使行车速度降低，燃料消耗增加，甚至引起交通事故。

足够的路面表面抗滑性能可以通过采用坚硬、耐磨、表面粗糙的粒料修筑路面表层来实现，也可采用一些工艺性措施（如水泥混凝土路面的刷毛或刻槽等）来实现。另外，路面上的积雪或污泥等也会降低路面的抗滑性能，必须及时予以清除。

（五）具有足够的耐久性

通常所说的耐久性主要是指路面在设计规定的年限内满足各级公路相应的承载能力、行车速度、舒适性、安全性的性能。在行车荷载和冷热、干湿气候因素的多次重复作用下，路面材料会产生老化衰变，路面使用性能将逐步降低，从而逐渐产生疲劳破坏和塑性形变累积，缩短路面的使用年限。因此，路面结构必须具备足够的抗疲劳强度以及抗老化和抗累积形变的能力，以保持或延长路面的使用寿命。

（六）具有尽可能低的扬尘性和噪声

汽车在砂石路面上或灰尘较多的其他路面上行驶时，车身后面所产生的真空吸引力会将面层表面或其中较细的颗粒吸出而飞扬尘土，甚至造成路面松散、脱落和坑洞等破坏。路面扬尘会加速汽车机件的损坏，影响行车视距，降低行车速度，而且对乘客和沿线居民的环境卫生以及货物和路旁农作物都带来不良影响。因此，要求路面在行车过程中尽量减少扬尘。

汽车在路面上行驶时，除发动机等的噪声外，路面不平整引起车身的振动也是噪声的来源。为降低噪声，应提高路面施工的平整度工艺。另外，路面材料组成不同，汽车在路面上行驶时引起的噪声也不同，采用开级配沥青混合料可以实现降噪功能，形成低噪声路面。

二、路面结构层次

行车荷载和自然因素对路面的影响，随深度的增加而逐渐减弱。因此，对路面材料的强度、抗变形能力和稳定性的要求也随深度的增加而逐渐降低。为了适应这一特点，路面结构通常是分层铺筑的，即按照使用要求、受力状况、土基支承条件和自然因素影响程度的不同，分成若干层次。按照各个层次功能的不同，沥青路面结构层一般可划分为面层、基层、底基层和垫层等；水泥混凝土路面结构层一般划分为面层、基层和垫层三个层次。

（一）面层

面层是直接承受车轮荷载反复作用和自然因素影响的结构层，它承受较大的行车荷载的垂直力、水平力和冲击力的作用，同时还受到降水的侵蚀和气温变化的影响。面层应具备较高的强度、刚度，较好的水稳定性和温度稳定性，而且应当耐磨、不透水（透水路面除外），其表面还应有良好的抗滑性和平整度。常用的面层类型及适用范围见表 2-1。

表 2-1　常用的面层类型及适用范围

面层类型	适用范围
沥青混凝土	高速公路、一级公路、二级公路、三级公路、四级公路
水泥混凝土	高速公路、一级公路、二级公路、三级公路、四级公路
沥青碎石、沥青贯入式、沥青表面处治	三级公路、四级公路
砂石	四级公路

沥青路面的面层可为单层、双层或三层。双层结构自上而下分别称为表面层（上面层）、下面层；三层结构自上而下分别称为表面层（上面层）、中面层、下面层。如高速公路沥青面层总厚度达 18～20 cm，可分为上、中、下三层铺筑，并根据各分层的要求采用不同的级配组成。厚度不超过 3 cm 的沥青表面处治层，在结构计算时不能作为一个独立的层次。

水泥混凝土面层一般为单层式。水泥混凝土路面上加铺沥青混凝土形成的复合式结构也较为常见。

（二）基层与底基层

基层是直接位于沥青路面面层下的主要承重层，或直接位于水泥混凝土面板下的结构层；底基层是在沥青路面基层下铺筑的次要承重层，或在水泥混凝土路面基层下铺筑的辅助层。

基层承受由面层传递下来的车轮荷载的反复作用（主要是垂直力作用），并将其传递到下面的底基层或垫层和土基中。在沥青路面结构中，基层是主要承重层，它应具有良好的稳定性、耐久性和较高的承载能力，并具有良好的应力扩散能力；底基层是次要承重层，对底基层材料质量的要求较低，可使用当地材料来修筑。在水泥混凝土路面结构中，基层承受的垂直力作用较小，但应具有足够的抗冲刷能力和一定的刚度。

基层、底基层遭受自然因素的影响虽然比面层小，但仍然有可能经受地下水和通过面层渗入的雨水浸蚀，所以，基层、底基层结构应具有足够的水稳定性。基层表面虽不直接与车轮接触，为了保证面层的平整性，其表面应有较好的平整度。

修筑基层、底基层的材料主要有无机结合料（如水泥、石灰、二灰等）、稳定集料或土类、天然砂砾、各种碎石或砾石、沥青混合料、贫水泥混凝土等。基层或底基层可为单层或双层。基层为双层时，可分别称为上基层、下基层；底基层为双层时，可分别称为上底基层、下底基层。

（三）垫层

在通常情况下，垫层是设置在基层（或底基层）和土基之间的结构层，主要作用是加强土基、改善基层或底基层的工作条件，具有排水、隔水、防冻等功能。由于传统意义上的垫层具有多方面的功能，不同功能垫层的厚度和材料要求有一定差异，不予以区分易引起设计和应用上的混淆。因此，《公路沥青路面设计规范》（JTG D50—2017）对其进行了区分，将为提高路基顶面回弹模量或改善路基湿度状态而设置的粒料层或无机结合料稳定层归入路基，称为路基改善层；将置于路面结构底部分别起防冻、排水作用的功能层归入路面，分别称为防冻层、排水层。

应当指出，不是任何路面结构都需要上述几个层次，各级公路应根据具体情况设置必要的结构层。

三、路面的功能结构层

为加强沥青路面各结构层的层间接触，避免层间产生滑动位移，保持路面结构的整体性而设置的沥青或沥青混合料联结层，称为功能结构层，包括透层、黏层、封层三种。这些功能结构层不作为路面力学计算模型中的结构层，在路面厚度计算中不计其厚度。

（一）透层

用于非沥青类材料层上，能透入表面一定深度，增强非沥青类材料层与沥青混合料层整体性的功能层，称为透层，也称为透层沥青或透层油。

沥青类面层下的级配砂砾、级配碎石基层及无机结合料稳定土或粒料的半刚性基层上必须浇洒透层沥青。基层上设置下封层时，透层沥青不宜省略。

（二）黏层

在路面结构中起黏结作用的功能层，称为黏层，也称为黏层沥青或黏层油。

黏层是加强面层间结合的一种措施。符合下列情况之一时，必须喷洒黏层油：

①双层式或三层式热拌热铺沥青混合料路面的沥青层之间。

②水泥混凝土路面、沥青稳定碎石基层或旧沥青路面上加铺沥青层。

③路缘石、雨水口、检查井等构造物与新铺沥青混合料接触的侧面。

（三）封层

在路面结构中用以阻止水下渗的功能层，称为封层。其中，铺筑在沥青面层表面的封层称为上封层，铺筑在沥青面层下面、基层表面的封层称为下封层。当前广泛使用的封层有稀浆封层和微表处两种类型。

稀浆封层是指用适当级配的石屑或砂、填料（水泥、石灰、粉煤灰、石粉等）与乳化沥青、外掺剂和水，按一定比例拌和而成的流动状态的沥青混合料，将其均匀地推铺在路面上形成的沥青封层；微表处是指采用适当级配的石屑或砂、填料（水泥、石灰、粉煤灰、石粉等）与聚合物改性乳化沥青、外掺剂和水按一定比例拌和而成的流动状态的沥青混合料，将其均匀地摊铺在路面上形成的沥青封层。

各种封层还适用于加铺薄层罩面、磨耗层、水泥混凝土路面上的应力缓冲层、各种防水层、预防性养护罩面层。

四、路拱及路拱横坡度

为了保证路面上雨水及时排出，减少雨水对路面的浸润和渗透，从而保证路面结构强度，路面表面做成中间高、两侧低的形状，称为路拱。在横断面上，路拱形式常采用直线形（直线—直线）和直线抛物线组合线形（直线—抛物线—直线）两种形式。

路面表面的高差与水平距离的百分比称为路拱横坡度。质量高的路面，平整度和水稳定性较好，透水性也小，通常采用直线形路拱和较小的路拱横坡度。质量低的路面，为了有利于迅速排除路表积水，一般采用直线抛物线形路拱和较大的路拱横坡度。

在选择路拱横坡度时，应充分考虑有利于行车平稳和有利于横向排水两个方面的要求。在干旱和有积雪、浮冰的地区，应采用低值；在多雨地区，应采用高值。当道路纵坡较大或路面较宽，或行车速度较高，或交通量和车辆载重较大，或常有拖挂汽车行驶时，应采用低值；反之，则应取用高值。

高速公路、一级公路设有中央分隔带，通常采用两种方式布置路拱横断面。若分隔带未设置排水设施，则路面表面做成中间高、两侧低的路拱，由单向横坡向路肩方向排水；若分隔带设置排水设施，则两侧路面分别单独做成中间高、两侧低的路拱，向中间排水设施和路肩两个方向排水。

五、路面的类型

在路面设计中，从路面结构的力学特性出发，可将路面分为以下三种类型：

（一）柔性路面

柔性路面是指整体结构刚度较小，在车辆荷载作用下产生较大的弯沉变形，路面结构的抗弯拉强度较低，主要靠抗压、抗剪强度来承受车辆荷载作用的路面。其主要包括由各种粒料类嵌锁型、级配型基层及沥青稳定类基层和各类沥青面层所组成的路面结构，或砂石类面层所组成的路面结构。车轮荷载通过各结构层向下传递到土基的压应力较大，因而对土基的强度和稳定性要求较高。

（二）刚性路面

刚性路面主要是指用水泥混凝土作面层的路面结构。刚性路面与柔性路面的主要区别是路面的破坏状态和其分布到路基上的荷载状态有所不同。刚性路面的特点是刚度与强度很高，弹性模量也大，结构呈板体性，分布到土基的荷载面较宽，传递到土基的应力较小。

（三）半刚性路面

半刚性路面主要是指由无机结合料稳定集料或土铺筑的基层和各类沥青面层所组成的路面结构。无机结合料稳定类基层在前期具有柔性路面的力学性质，后期的强度和刚度均有较大幅度的增长，但最终的强度和刚度仍远小于水泥混凝土，这类基层称为半刚性基层。

第二节　路面施工技术要点

一、沥青面层施工技术

（一）沥青面层特点及其适用范围

1.沥青面层特点

沥青面层是采用碎石形成骨架，沥青填充骨架的孔隙并使骨架胶合在一起而形成的沥青混合料形式。这种结构形式既能提供较深的表面构造，又具有较小的孔隙及透水性，同时具有较好的抗变形能力（动稳定度较高）。

2.沥青面层适用范围

高速公路、一级公路、试车场赛道、城市主次干道及省级公路均采用沥青面层。县级道路一般也采用沥青面层。

（二）施工准备

1.技术准备

审核图纸，编制施工工艺流程及专项施工方案并下发技术交底，施工前要完成沥青混合料配合比设计。对于交验的水稳基层顶面的平整度、路拱横坡、路基宽度、高程、压实度、强度等进行验收检测，各项指标必须满足规范和设计要求，同时检查并保证路基顶面无任何松散材料和软弱地点。

2.人员准备

根据现场作业面、节点工期要求及工程量的大小，合理配置人员，以满足施工进度需要，并在水稳基层施工前对工程技术人员、现场管理人员及作业人员进行岗前安全、技术培训。

3.材料准备

根据施工计划，提前做好原材料进场，以满足施工进度需要，确保工作面连续性，并对每批进场的水泥、碎石进行跟踪检测，将结果上报监理工程师，确保原材料进场合格。

为保证道路路面具有高强度、高温稳定性、低温抗裂性以及抗滑性能和耐久性能好的品质，减少因承重而产生的变形，在原材料选择上应做到：选择有较高强度、耐磨耗，采用锤式或反击式破碎机加工的具有良好颗粒形状的硬质石料；选用黏度高、针入度较小、软化点高和含蜡量低的优质沥青；原材料应当能够满足施工现场的实际需要，如果骨料呈酸性，则应添加一定数量的抗剥落剂或石灰粉，确保混合料的抗剥落性能。在原材料存放方面，混合料使用的矿粉要进行搭棚存放，做好防雨防潮措施。只要在施工过程中严格按设计要求，充分使用好沥青拌和设备，均能生产出合格的沥青混合料。

（1）粗集料技术要求

选用的粗集料，应石质坚硬、洁净、干燥、无风化、无杂质，并具有足够强度和耐磨耗性能，具有良好的颗粒形状。

（2）细集料技术要求

细集料要洁净、干燥、无风化、不含杂质，并且具有适当颗粒级配的人工轧制的米砂。细集料应与沥青有良好的黏结能力，天然砂及用花岗岩、石英岩等酸性石料破碎的机制砂或石屑不得使用。

（3）填料技术要求

采用石灰岩或岩浆岩中的强基性岩石等憎水性石料经磨细得到的矿粉，原石料中的泥土杂质应除净，矿粉要求干燥、洁净，拌和机回收的粉尘不准使用。

（4）各种添加剂技术要求

工程所需的沥青混合料的添加剂，必须检验合格后才可进场入库。

（5）沥青技术要求

在沥青进场前，应严格按照设计及规范要求对其针入度、延度、软化点、闪点、溶解度等相关技术指标进行检测，不合格的坚决不予以进场，且做到每车必检。

4.沥青混合料配合比设计准备

根据设计及规范要求，在沥青摊铺前，要进行目标配合比设计、生产配合比设计及其验证工作。

（1）目标配合比

①用工程实际使用的矿料进行筛分，用图解计算各矿料的用量，使合成的矿料级配符合规定的矿料级配。本计算应反复进行几次，使合成矿料级配曲线基本上与要求级配范围中值线相重合，直至满意为止。

②确定最佳油石比。用以上计算确定的矿料组成和推荐油石比范围，按0.5%间隔变化，取5个不同的油石比，用实验室的小型拌和机与矿质混合料拌和成沥青混合料，按规定的击实次数成型马歇尔试件，按《城镇道路工程施工

与质量验收规范》（CJJ 1—2008）规定的方法测定试件的密度，并计算空隙率、饱和度、矿料间隙率等物理指标进行体积组成分析，进行马歇尔试验，测定马歇尔稳定度及流值等物理力学性质。以油石比为横坐标，以测定的密度、稳定度、空隙率、流值、饱和度等各项指标为纵坐标，分别将试验结果点入图中，连成圆滑曲线，从中求取相应于密度最大值的油石比，相应于稳定度最大值的油石比，相应于规定空隙率范围中值的油石比，求取三者的平均值作为最佳沥青油石比的初始值，求出各项指标均符合规定的沥青混合料技术标准的油石比范围，如果偏出，则应调整级配，重新进行配合比设计，直至各项指标均能符合要求。以此矿料级配及沥青用量作为目标配合比，供拌和机确定每个料仓的供应比例、进料速度及试拌使用。将试验资料报监理工程师审查，经批准后，再进行生产配合比的调试。

（2）生产配合比

①面层用沥青混合料生产均采用间歇式固定的拌和机进行，必须从二次筛分后进入各热料仓的材料中取样进行筛分，用图解法确定各热料仓的材料和矿料的比例，使矿料合成级配接近规定级配范围中值，供拌和机控制室使用，同时反复调整，最终达到供料的均衡。

②确定生产的最佳油石比，取目标配合比设计的最佳油石比±0.3%等三个油石比与计算确定的生产配合比矿质混合料，拌制沥青混合料进行马歇尔试验，确定生产配合比的最佳油石比。将试验资料报监理工程师审查，经批准后再验证生产配合比，即铺筑试验路段。筛选合适的组合，选择适用的组成设计。

5.施工设备准备

根据生产的需要，必须选择适用的施工设备，以满足设计及施工质量要求。

（1）拌和设备的选型

宜选用性能好、拌和质量高的拌和设备，此类设备应配有电子剂量装置（属重量比控制材料配比）。拌和设备的台数、类型必须满足施工现场摊铺及施工进度的要求，并报监理工程师批准。根据工程量大小合理选用拌和站型号。

（2）运输设备的选型

高速公路、一级公路及城市主干道沥青面层施工一律要求采用 30 t 以上自卸汽车，并要求车况良好。自卸汽车的数量根据运距来定。

（3）摊铺设备的选型

摊铺设备可选用全断面摊铺机，也可采用两台同种型号的摊铺机同时梯队摊铺，遇超宽带也可选用三机联铺，单幅一次成型。

（4）碾压设备的选型

压路机选用时可根据路幅宽度机摊铺速度来确定碾压设备组配，建议配备较大吨位的胶轮压路机（如 XP301）、双钢轮压路机、小型压路机、手扶压路机及平板震动夯。

（三）施工技术要点

1.水稳基层检测及装模

在摊铺沥青面层前一定要对底基层进行全面检测，包括平面位置、高程、横坡度、宽度、厚度、弯沉及表面清洁情况。若底基层达不到要求，则应采用合理的办法进行处理（尤其厚度不足处），特别是水稳基层的松散及起皮材料要彻底清除。开始摊铺沥青面层前在水稳基层上洒一遍水，保持表面处于半饱和状态，以便透封层施工。（注：若水稳基层发现松散或开裂，则须查明原因并彻底处治好。）

在摊铺沥青面层涉及半幅施工纵缝搭接时，最好采用装模施工，即在中线错缝安装模板，装模宽度不小于设计宽度，模板高同沥青虚铺高一致，模板尽可能保持竖直。

2.基准选用

①放样前，经理部主管测量人员要对工段技术员进行控制点、水准点交底，控制测量资料必须是监理认可的资料。

②选用 $\phi 2$～3 mm 的钢丝作为基线。

③张拉长度以 100～200 m 为佳，且须在两端用紧线器同时张紧，避免因钢丝不紧而产生挠度，张拉力为 1 kN。

④钢钎选用具有较大刚度的 ϕ16～18 mm 光圆钢筋进行加工，并配固定架。固定架采用丝扣为好，便于拆卸和调整标高；钢钎间距一般采用 5～10 m（直线段不长于 10 m，曲线段不长于 5 m）。钢钎应搭设在离铺设区域外 30～40 cm 处。

⑤内外侧均用钢丝控制标高，标高误差控制在－2 mm 至＋5 mm 之间。

⑥钢钎必须埋设牢固，在整个作业期间应有专人看管，严禁碰钢丝，发现异常时立即恢复。

⑦测量人员应紧盯施工现场，经常复核钢丝标高。

3.沥青混合料的拌和

（1）拌和工艺流程

沥青混合料拌和工艺流程如下：冷料配料→皮带输送→骨料干燥加热提升→热集料筛分分组储存→热集料矿粉自动投放→热集料预拌均匀→喷热沥青→热沥青混合料储存。

（2）沥青混合料试拌

正式生产前进行试拌，提取混合料试样做抽提试验和马歇尔试验，检验混合料性能指标。

（3）沥青混合料正式拌和

在沥青混合料试拌获得成功后，以及各种材料储备充足、材料供应链运转正常、设备联动正常后方可进行大批量生产。

（4）沥青混合料拌和质量控制要求

普通沥青混合料拌和时间设定为 45 s，若是改性沥青混合料或是 SMA 沥青马蹄脂，则要适当延长拌和时间。拌和的沥青混合料均匀、无花白、无结团成块及无粗细集料离析现象，所有矿料颗粒全部均匀地裹覆沥青。沥青混合料出厂温度正常范围为 145～165 ℃，改性沥青混合料或 SMA 沥青马蹄脂出厂温度正常范围为 165～185 ℃（冬季施工适当调高温度），超过 195 ℃均应废弃。

4.沥青混合料的运输

装料时汽车应按照前、后、中的顺序来回移动，避免混合料离析。为防止温度降低过快，每辆沥青混合料运输车必须采用帆布覆盖，并及时对出场沥青混合料的温度进行检测，发现温度过高或过低，混合料有烧焦失黏等现象应予废弃，同时对每车沥青混合料的到场温度进行检测，若发现某车到场温度异常，则应立即通知该车将沥青混合料退回站内予以废除。

当前车卸完料，后车方可掀帆布，以防过早掀开帆布导致温度散失过快。运料车卸料时，设专人进行运料车辆的指挥，在运料车距摊铺机料斗 20～30 cm 处停车挂空挡，由摊铺机推行前进，运料车辆严禁冲撞摊铺机。

沥青混合料运输线路应平坦，沥青混合料运输车辆应低速行驶，避免行驶过程中车辆起伏跌宕造成混合料离析。

沥青混合料拌和后直接装车运输到铺筑现场，遵循宁可车等料不能料等车的原则。沥青混合料运输车厢内均匀地涂刷隔离剂以防止混合料粘到底板上，但不得有多余残液积留在车厢底部。

5.沥青混合料的摊铺

摊铺前，至少提前半个小时加热摊铺机熨平板，其熨平板温度必须达到 120 ℃以上方可组织摊铺，上面层摊铺采用非接触式平衡梁控制高程。在摊铺过程中，应保证至少有 3～5 辆料车在摊铺机前等候，避免停机待料并设专人指挥自卸车往摊铺机料槽中卸料，防止汽车后轮碰撞摊铺机，影响平整度。摊铺平整度控制要点为：不要中途停止摊铺机、不要碰撞摊铺机。

摊铺机组配要根据具体路幅宽度而定，上下两沥青面层热接缝相互错开，确保沥青面层施工质量。在摊铺过程中，摊铺机夯锤等级设定根据摊铺机性能而定，同时专设技术人员每 20 m 一个断面 3 个点检测松铺厚度，并做好松铺记录，对不符合要求的松铺厚度应及时进行微调，微调时应遵循“调一下走一段再插一下”的原则，直至松铺厚度符合要求为止。

6.沥青混合料的碾压

（1）初压

采用 1 台双钢轮压路机，驱动轮在前进方向，前进静压后退振动碾压重叠 1/3 轮宽，具体碾压遍数及碾压速度根据试验段结果确定，碾压顺序“自低向高”进行，并紧跟摊铺机。初压温度要求如下：普通沥青混合料控制在 130～145 ℃，改性沥青混合料控制在 150～155 ℃，SMA 沥青马蹄脂控制在 150～160 ℃。初压时间一般控制在 5～10 min。

（2）复压

普通及改性沥青混合料采用胶轮压路机进行复压，而 SMA 沥青马蹄脂只用双钢轮压路机进行碾压，其复压与初压基本交替进行。具体碾压遍数及碾压速度根据试验段结果确定，胶轮行进前后静压，重叠 1/2 轮宽。普通沥青混合料复压温度控制在 120～140 ℃，改性沥青混合料复压温度控制在 130～145 ℃。

（3）终压

采用双钢轮压路机，驱动轮在前进方向，目的是消除轮迹。普通沥青混合料终压温度控制在 70～90 ℃，改性沥青混合料终压温度控制在 90～100 ℃。

（4）碾压注意事项

①压路机初压应紧跟摊铺机，保持较短的初压区长度，能够有效地减少热量散失，以保证复压及终压温度。

②碾压时应将压路机的驱动轮面向摊铺机。压路机宜采用高频低幅进行压实，相邻碾压段轮迹重合宽度至少为 20 cm。

③采用双钢轮压路机初压时，为防止混合料有粘轮现象，可采用向碾压轮喷水且成雾状的方法，双钢轮回振时必须减少喷水量，以免造成沥青面层温度散失过快。

④压路机不得在未碾压成型的路段调头、转向、加水或停留，压路机在碾压合格的路面上行走时必须关掉振动。当天成型的路面不得停放各种机械或车辆，不得散落矿料、油料等杂物。沥青混合料碾压成型后，温度降至常温以前

不得停放压路机等任何机械。

⑤终压收光时一定设专人指挥，以防漏压损坏路缘石及结构物。

（四）质量检测

施工过程中的检测项目包括：沥青含量、马歇尔试验、稳定度及流值等。

养生后和验收检测项目包括：

①主控项目：压实度、弯沉、厚度。

②一般项目：宽度、高程、横坡、平整度、井框高差、渗水系数、构造深度、摩擦系数等。

二、水泥稳定碎石基层施工技术

（一）水泥稳定碎石特点及其适用范围

1.水泥稳定碎石特点

水泥稳定碎石是以级配碎石作骨料，采用一定数量的胶凝材料和足够的灰浆体积填充骨料的空隙，按嵌挤原理摊铺压实。其压实度接近于密实度，强度主要靠碎石间的嵌挤锁结原理，同时有足够的灰浆体积来填充骨料的空隙。它的初期强度高，并且强度随龄期而增加很快结成板体，抗渗性和抗冻性较好。层间宜浇洒水泥净浆黏结，使整体结构层趋于更高的稳定度。

2.水泥稳定碎石适用范围

水泥稳定碎石可用于各种交通类别的基层，可作次干路和支路的基层，也可用作高级路面的基层。

（二）施工准备

1.技术准备

审核图纸，编制施工工艺流程及专项施工方案并下发技术交底，施工前要完成水泥稳定碎石配合比设计。对于交验的路基顶面的平整度、路拱横坡、路基宽度、高程、压实度、强度等进行验收检测，各项指标必须满足规范和设计要求，同时检查并保证路基顶面无任何松散材料和软弱地点。

2.人员准备

根据现场作业面、节点工期要求及工程量的大小，合理配置人员，以满足施工进度需要，并在水稳基层施工前对工程技术人员、现场管理人员及作业人员进行岗前安全、技术培训。

3.材料准备

根据施工计划，提前做好原材料进场，以满足施工进度需要，确保工作面连续性，并对每批进场的水泥、碎石进行跟踪检测，将结果上报监理工程师，确保原材料进场合格。

①路用的水泥、石子、砂等材料必须经监理工程师批准，未经批准的不允许进场，更不准使用。

②水泥：宜用325#矿渣及普通硅酸盐水泥。快硬水泥、早强水泥以及受潮变质的水泥严禁使用。水泥品牌的选用应考虑其质量稳定性、生产数量、运距等各种因素。水泥每次进场前应有合格证书，应对水泥的凝结时间、标号进行抽检。

③碎石：要求其压碎值不超过30%，最大粒径不大于30 mm。碎石的颗粒组成应符合技术规范的级配要求。为了施工方便，宜采用 10～30 mm 的粗集料、5～10 mm 的中集料，0～5 mm 的石屑细集料三种粒料配合。含泥量超标的碎石不得进场。

④水：凡是饮用水均可用于水泥稳定碎石的施工。

4.水泥稳定碎石配合比设计准备

①组成设计原则为：粉料含量不宜过多；在达到强度的前提下，采用最小水泥剂量，但不小于 3.0%；改善集料级配，减少水泥用量，以达到节约成本和预防基层早期开裂的目的。

②水泥的配制可采用 3%、4%、5%、6%等不同的水泥剂量。

③每种剂量的试件制取 9 个（最小数量）。

④试件必须在规定的温度（20±2 ℃）保湿养生 6 d，浸水养生 1 d 后进行无侧限抗压强度试验。设计剂量要选用满足强度的最小剂量。

⑤根据设计剂量做延迟时间对混合料强度的影响试验，并通过试验确定应该控制的延迟时间。

⑥工地实际采用的水泥剂量一般比设计剂量（实验室试验配合比剂量）增加 0.5%。

⑦筛选合适的组合，选择适用的组成设计。

5.施工设备准备

先进的施工设备，是工程施工质量的有效保障。根据生产的需要，必须选择适用的施工设备，以满足设计及施工质量要求。

（1）拌和设备的选型

宜选用性能好、拌和质量高的设备，此类设备应配有电子剂量装置（属重量比控制材料配比）。拌和设备的台数、类型必须满足施工现场摊铺及施工进度的要求，并报监理工程师批准。高速公路一般选用配有 6 个冷料仓的 600 型稳定土拌和站。

（2）运输设备的选型

高速公路水稳层施工一律要求采用 15 t 以上自卸汽车，并要求车况良好。自卸汽车的数量根据运距来定。

（3）摊铺设备的选型

可选用全断面摊铺机，也可采用两台同种型号的摊铺机同时梯队摊铺。

（4）碾压设备的选型

建议配备较大吨位的振动压路机（如 YZ18）两台，三轮光碾压路机、胶轮压路机各一台。

（三）施工技术要点

1.底基层检测及装模

在摊铺水泥稳定碎石基层前一定要对底基层进行全面的检测，包括平面位置、高程、横坡度、宽度、厚度、弯沉及表面清洁情况，如果底基层达不到要求，则应采用合理的办法进行处理（尤其厚度不足处），特别是底基层的松散及起皮材料要彻底清除，决不能留下软弱夹层。开始摊铺基层前在底基层上洒一遍水，保持表面湿润。（注：若下承层发现松散或开裂，则须查明原因并彻底处治好。）

在摊铺水泥稳定碎石前，最好采用装模施工，即在两边安装模板，装模宽度不小于设计宽度，模板高同水稳虚铺高一致，模板尽可能保持竖直。（最好采用装模工艺以确保基层宽度、松铺厚度）。

2.现场负责人的责任

现场负责人应当责任心强、业务熟练、有一定管理才能。现场负责人要始终监督施工现场，决不能经常离开岗位。

3.基准选用

①放样前，经理部主管测量人员要对工段技术员进行控制点、水准点交底，控制测量资料必须是监理认可的资料。

②选用 ϕ2～3 mm 的钢丝作为基线。

③张拉长度以 100～200 m 为佳，且须在两端用紧线器同时张紧，避免因钢丝不紧而产生挠度，张拉力为 1 kN。

④钢钎选用具有较大刚度的 ϕ16～18 mm 光圆钢筋进行加工，并配固定架。固定架采用丝扣为好，便于拆卸和调整标高；钢钎间距一般采用 5～10 m（直线

段不长于 10 m，曲线段不长于 5 m）。钢钎应搭设在离铺设宽外 30～40 cm 处。

⑤内外侧均用钢丝控制标高，标高误差控制在－2 mm 至＋5 mm 之间。

⑥钢钎必须埋设牢固，在整个作业期间应有专人看管，严禁碰钢丝，发现异常时立即恢复。

⑦测量人员应紧盯施工现场，经常复核钢丝标高。

4.水泥稳定碎石的拌和

严格按批准的配合比进行掺配拌和，并注意以下事项：

（1）级配碎石集料的质量控制

拌和楼应采用规格分料掺配成混合料的施工方法。在拌和之前，应反复检试调整，使其符合级配要求，同时，每天开始拌和前几盘应做筛分试验。如有问题，则应及时调整，全天拌和料应按摊铺面积和规范要求检测频率进行抽检。

（2）水泥剂量的控制（设备稳定和抽检是关键）

施工用的水泥剂量应考虑施工离散性的影响，较设计值增加 0.5%，在拌和过程中应随时观察混合料拌和后的颜色，防止水泥堵塞不流动。按规定频度抽检（用滴定试验进行检测）水泥剂量，每工作班根据所用水泥、集料量计算总的水泥用量是否满足要求。

（3）含水量的控制

含水量是水泥稳定级配碎石中一项重要控制指标，必须严格掌握。在炎热的夏季施工，考虑到拌和、运输、摊铺过程中水分的蒸发，可以在拌和时加大水量，水量加大值应由拌和出料时含水量和摊铺碾压含水量进行对比，损失多少补多少。根据施工经验，在夏季上午 9 点以前和下午 5 点以后，加水量可比最佳含水量增加 0.5%～1%左右；在上午 9 点到下午 5 点之间，加水量可比最佳含水量增加 0.8%～1.5%。在雨季施工期间，由于下雨的影响，砂石料中有一定水分，因此在每天拌和前应对砂石料进行含水量测定，加水量应按最佳含水量减去砂石含水量进行控制，在其他季节施工可不考虑增加或少量增加，增加量控制在 0.5%以内。

（4）防止碎石集料串斗和大于 3 cm 料进入拌和机

国产稳定土拌和机料斗偏小，料斗间间距小，上料时常发生串斗现象，造成级配不准，为此，要将料斗用挡板隔开。1～3 cm 的石料中经常含有 3 cm 以上的石块，所以应在石料出口处加设一层 3 cm 方格网，小于 3 cm 的石料从网中漏下进入传送带，大于 3 cm 的石料则在筛网上及时剔除。

5.水泥稳定碎石的运输

①为了节省倒车及水泥稳定碎石的摊铺时间，一律采用 15 t 以上自卸汽车，并要求车况良好。自卸汽车的数量根据运距来定。

②每天上班前应对车辆进行检查，排除故障，防止装好料后汽车不能自卸，使水泥稳定碎石混合料凝固造成浪费。还要考虑运输距离的长短及天气情况决定是否用篷布覆盖。

③装车时，要不停地移动位置以使拌和楼中流出的混合料不离析。

④发料时应认真填写发料单，内容包括车号、拌和机出料时间、吨位以及采用的水泥品种。

⑤由司机带至摊铺现场，由收料人员核对查收，混合料从拌和到碾压终了的延迟时间不应超过 3 h，否则应将全车料废弃。

⑥自卸汽车将混合料卸入摊铺机喂料斗时严禁撞击摊铺机。

6.水泥稳定碎石的摊铺

摊铺施工的注意事项如下：

①可选用全断面摊铺机，也可采用两台同种型号的摊铺机同时摊铺，即两台相距 5～8 m，同步向前摊铺混合料。

②应根据摊铺速度、厚度、宽度等因素调整摊铺机夯锤频度，使其碾压前的密实度达 80%以上。

③将螺旋送料器调整到最佳状态，使螺旋送料器中混合料的高度能够将螺旋器直径的 2/3 埋没，以避免离析现象和大料在底面现象发生。在一般情况下，螺旋器轮边距底基层面为 15～17 cm。

④在摊铺机就位前，下承层必须清扫干净并且洒水保持湿润，横向接头必须洒水泥浆。

⑤当拌和好的混合料运至现场时，应马上按松铺厚度均匀摊铺。开始摊铺前，应将两侧分料器接头处（约 50～60 cm 宽）离析混合料清除。在摊铺中，如有离析现象（尤其两侧边缘），则应用人工进行找补，同时注意含水量大小，及时将含水量情况反馈给拌和场。

⑥在摊铺 3～6 m 长时，应立即检测摊铺面的标高和横坡，若不符合设计要求，则应适当调整熨平板高度和横坡直到合格，再进行摊铺。在正常施工时，摊铺机每前进 10 m，检测人员应检测一次摊铺机的标高、横坡，并做好虚铺厚度记录。摊铺面上的泥块及大颗粒的石块应人工拣除。

⑦在摊铺机摊铺混合料时，因故中断时间超过 2 h 或一天的工作段结束时必须设置横缝，摊铺机应驶离混合料末端。

⑧横接缝的处理方式是将已压密实且高程、平整度符合要求的末端拉成一横向（与路中心垂直）垂直向下的断面，所有不满足压实度高程和平整度的端部混合料应予以铲除。

7.水泥稳定碎石的碾压

（1）碾压顺序

先用振动压路机，不开振动，稳压 1～2 遍，然后振动碾压 3～4 遍，再用三轮光碾压路机（18 t 以上）碾压 1～2 遍，最后由胶轮压路机碾压 1～2 遍赶光成型（以上所述，压路机在同一轨迹上一进一退为一遍）。具体压实遍数以满足压实度为准。

（2）碾压速度

稳压阶段碾压速度应控制在 1.5 km/h。压实阶段碾压速度控制在 2 km/h，光面阶段碾压速度应控制在 2.5 km/h，起步和制动应做到慢速起动、慢速刹车，杜绝快速起动、紧急刹车现象。

（3）横向硬接头处理

每天开始施工前先在横向硬接头上洒水。横向硬接头必须横压来保证平整度。硬接头横压也必须分稳压和微振，稳压和微振前后要错半米。

（4）平整度控制

为了保证沥青混凝土面层的平整度要求，水泥稳定碎石基层平整度必须控制在 0.8 cm 以内，在碾压过程中及时检查（设专人负责），及时处理不合格的地方。

8.水泥稳定碎石的养生

应设专人负责养生工作。洒水车应经常洒水，使水稳表面保持潮湿状态。另外洒水时要注意洒匀洒足，特别是上边缘一定要注意洒到位。养生 5 d 后，可洒布透层油或封层油。养生期间，应封闭交通，特别要禁止重车在水稳层上行驶。

（四）质量检测

施工过程中的检测项目包括：宽度、标高、厚度、压实度、平整度、水泥剂量等。

养生后和验收检测项目包括：芯样强度、弯沉（作为沥青路面基层时设计图纸中一般要求检测）。

此外，后期还需要观测裂缝情况。

三、石灰土基层施工技术

（一）石灰土特点及其适用范围

1.石灰土特点

石灰土具有较高的抗压强度，一定的抗弯强度和抗冻性，稳定性较好，但干缩性较大。

2.石灰土适用范围

石灰土可作次干路和支路的基层，但不应用作高级路面的基层。在冰冻地区的潮湿路段以及其他地区过分潮湿路段，不宜用石灰土作基层。如必须用，则应采取防水措施。

（二）施工准备

1.技术准备

审核图纸，编制施工工艺流程及专项施工方案并下发技术交底，施工前要完成石灰土标准击实及无侧限抗压强度试验。对于交验的路床顶面的平整度、路拱横坡、路基宽度、高程、压实度等进行验收检测，各项指标必须满足规范和设计要求，同时检查路床是否有软弱地点。

2.人员准备

根据现场作业面、节点工期要求及工程量的大小，合理配置人员，以满足施工进度需要，并在石灰土基层施工前对工程技术人员、现场管理人员及作业人员进行岗前安全、技术培训。

3.材料准备

根据施工计划，提前做好原材料进场，以满足施工进度需要，确保工作面连续性，并对每批进场的石灰土进行跟踪检测，将结果上报监理工程师，确保原材料进场合格。

（1）石灰技术要求

石灰宜用 1～3 级的新灰。对储存较久或经过雨季的消解石灰，应进行试验，根据活性氧化物的含量决定使用办法。钙质和镁质消石灰技术指标应符合国家现行标准的有关规定。

（2）土的技术要求

①稍具黏性的土壤（塑性指数大于 4）砂性土、粉砂土、黏性土均可使用；

以塑性指数 10～20 的黏性土为宜；用石灰稳定无塑性指数的级配砂砾、级配碎石、未筛分碎石时，应添加 15%左右的黏性土；使用塑性指数偏大的黏性土时，应进行粉碎，粉碎后土块的最大尺寸不应大于 15 mm。

②土的有机含量超过 10%，硫酸盐含量超过 0.8%时，不宜用石灰稳定。

③使用特殊类型的土壤，如级配砾石、砂石、杂填土等，应经试验决定。碎石或砾石的压碎值应符合以下要求：用于城市快速路及主干道基层应不大于 30%；用于次干路基层应不大于 35%。

（3）水

凡饮用水（含牲畜饮用水）均可用于石灰土施工，如需使用河水，则需进行检验，合格后方能使用。

石灰土基层的原材料应符合质量要求。料场中的各种原材料应分别堆放，不得混杂。准备使用的石灰应充分消解。石灰过干会随风飞扬而造成污染，过湿又会成团而不便于施工，因此应适时洒水或设遮雨棚，使之含有适宜的水分。在潮湿多雨地区施工时，应采取有效措施使土、石灰免受雨淋。

4.石灰土标准击实及无侧限抗压强度试验准备

石灰土施工前，要进行标准击实试验，通过无侧限抗压强度试验的数据结果，确定最佳含水量及最大干密度，从而控制现场压实度。

5.施工设备准备

根据生产的需要，必须选择适用的施工设备，以满足设计及施工质量要求。

（1）拌和设备的选型

拌和设备一般根据设计要求而定。

采用厂拌法施工时，可用强制式拌和机等设备。采用路拌法施工时，可用稳定土拌和机、农用旋耕机或多铧犁。

拌和设备的台数、类型必须满足施工现场摊铺及施工进度的要求，并报监理工程师批准。根据工程量大小合理选用拌和站型号。

（2）运输设备的选型

厂拌法施工或路拌法施工一般要求采用 30 t 以上自卸汽车将其混合料或土运至施工现场，并要求车况良好。自卸汽车的数量根据运距来定。

（3）摊铺设备的选型

根据设计要求，高速公路、一级公路以及城市主干道等可选用摊铺机摊铺，其他要求的采用推土机等其他设备进行摊铺，并用平地机进行初平。

（4）碾压设备的选型

可根据路幅宽度、摊铺速度来确定碾压设备组配，建议配备较大吨位的胶轮压路机（如 XP301）、振动压路机、三钢轮压路机、平地机、手扶压路机及平板震动夯。

（三）施工技术要点

1.下承层准备与施工放样

石灰土基层施工前应对下承层按施工质量验收标准进行检查验收，验收合格后方可进行基层施工。

下承层应平整、密实，无松散和“弹簧”等不良现象，并符合设计高程、横断面宽度等几何尺寸要求。

注意采取措施做好基层施工的临时排水工作。

施工放样主要是恢复路中线，在直线段每隔 20 m、曲线段每隔 5～10 m 设一中桩，并在两侧路肩边缘设置指示桩，在指示桩上明显标记出基层的边缘设计高程及松铺厚度的位置。

2.拌和

（1）厂拌法拌和

厂拌法施工是在中心拌和厂（场）用拌和设备将混合料按配合比要求准确配料，使土、石灰计量等符合设计要求，并根据原材料实际含水率及时调整加入拌和机内的水量。石灰稳定类混合料的含水率可比最佳含水量小 1%～2%，这样可以获得较好的压实效果。

（2）路拌法拌和

采用路拌法施工时，备料在准备完毕的下承层上进行。首先根据铺筑层的宽度、厚度及预计达到的干密度计算各施工段所需土的数量。其次根据石灰土的配合比、原材料含水率及运输车辆的吨位计算各种原材料每车的堆放距离。这样分层堆放的原材料经摊平、拌和后得到的石灰土更容易符合规定的配合比要求。

3.摊铺

（1）摊铺前作业条件

①下承层已通过各项指标验收，其表面应平整、坚实，压实度、平整度、纵断高程、中线偏差、宽度、横坡度、边坡等各项指标必须符合有关规定。

②土路肩已整形完毕或有足够的施工作业段。

③施工前对下承层进行清扫，并适当洒水润湿。

④相关地下管线的预埋及回填等已完成并经验收合格。

（2）施工放样及摊铺找平

①放样。首先进行恢复中线测量，直线段每 10～20 m 设一桩，平曲线段每 10 m 设一桩，并在两侧边线外设指示桩。

其次进行水平测量，在摊铺两侧指示桩上用明显标记标出虚铺高程（可在桩上绑上红布条作为推土机摊铺料的标准）、基线高程。

②摊铺及找平。首先，设专人按固定间隔、既定车型、既定车数指挥卸料。卸料堆宜按照梅花桩形布置，以便摊铺作业。

其次，摊铺时用推土机按提前挂线的虚铺高度初平。控制要点如下：将料摊铺均匀，将两桩号之间的用料量尽可能控制到理论用料量，高程只需控制到±5 cm 即可。

最后，由于前期推土机的初平，刮平机只需将料带平，高程即可大致满足要求。在靠近路边处，刮平机应先用车轮将其压实。精平时，采用挂基线找平，由于提前在路两侧桩上画出基线高程，所以此时只需将此断面上两桩用线连接抻直，用卷尺量取任意点基线距地面高度是否达到理论值，把差值用白灰写在量取点地面上（高为“－”，低为“＋”）。高差较大时，可以用推土机向前攒料，根据现场施工条件，必要时可临时调动铲车倒料。

4.碾压

经整形后的石灰土层，在达到最佳含水量的状态时可进行碾压，摊铺好的石灰土要坚持当天碾压成型。为保证横坡、平整度，压路机应错 1/2 轮碾压。采用先轻后重的方法，碾压时应从低处向高处进行碾压（直线段由两边向中间碾压，弯道由内向外碾压），用振动压路机先初压 1 遍（静压），振动 3～4 遍（复压）。后用 20 t 压路机一档压 2～3 遍直至密实度达到要求（最好当天压完）。压路机在碾压路段禁止急刹车、急拐弯、调头等。振动启闭应在行车中进行，停车时不得启闭振动开关。两边多压 2～3 遍，外侧应超路面宽度 50 cm 压 3～4 遍后再正常碾压。同日施工两段接头处应采用搭接形式。前一段拌和整形后，留有 5～8 m 不碾压，后一段施工时，应与前段留下未压部分一起进行碾压。

5.稳定土养生

石灰土基层碾压完毕后，应进行保湿养生，养生期不少于 7 d。养生期内应使基层表面保持湿润或潮湿，一般可洒水或用湿砂、湿麻布、湿草帘、低黏质土覆盖。养生期间应尽量封闭交通，若必须开放交通，则应限制重型车辆通行并控制行车速度，以减少行车对基层的扰动。

6.施工中应注意的问题

无论用厂拌法还是路拌法施工，均应尽量减少横向接缝和纵向接缝，必须设置接缝时应妥善处理。拌和机等施工机械不应在已碾压成型的稳定类基层上调头、制动或突然起动。

（1）横向接缝处理

①用摊铺机摊铺混合料时，每天的工作缝应做成横向接缝。摊铺机应驶离

混合料末端。

②人工将末端混合料处理整齐，紧靠混合料放两根方木，方木的高度与混合料的压实厚度相同，整平紧靠方木的混合料。

③方木的另一侧用砂砾（或碎石）回填约 3 m 长，其高度应高出方木几厘米。

④将混合料碾压密实。

⑤在重新开始摊铺混合料之前，将砂砾（或碎石）和方木除去，并将下承层顶面清扫干净和拉毛。

⑥摊铺机返回到已压实层的末端，重新开始摊铺混合料。

⑦如压实层末端用方木做支撑处理，在碾压后末端成一斜坡，则应在第二天开始摊铺新混合料之前，将末端斜坡挖除，并挖成一横向（与路中心线垂直）垂直向下的断面。挖出的混合料洒水到最佳含水量拌匀后仍可使用。

（2）纵向接缝处理

应避免纵向接缝。如摊铺机的摊铺宽度不够，必须分两幅摊铺，则宜采用两台摊铺机一前一后，相隔 8～10 m 同步向前摊铺混合料，一起进行碾压。在仅有一台摊铺机的情况下，可先在一条摊铺带上摊铺一定长度，再开到另一条摊铺带上摊铺，然后一起进行碾压。在不能避免纵向接缝的情况下，纵缝必须垂直相接，严禁斜接。

在一般情况下，纵缝可按下述方法处理：在前一幅施工时，在靠中央一侧用方木或钢模板做支撑，方木或钢模板的高度与稳定土层的压实厚度相同。混合料拌和结束后，靠近支撑木（或板）的一条带应人工进行补充拌和，然后进行整形和碾压。在铺筑另一幅或养生结束时，拆除支撑木（或板）。第二幅混合料拌和结束后，靠近第一幅的一条带，应人工进行补充拌和，然后进行整形和碾压。

（四）质量控制与检测

1.质量控制

石灰土施工质量控制是在施工过程中对石灰土的含水量、灰剂量、抗压强度、拌和均匀性、压实度、表面回弹弯沉值等项目进行检查。外形管理包括基层的宽度、厚度、路拱横坡、平整度等。主要施工要点如下：

①原地面掺低剂量石灰（一般为4%）进行处理，以保证原地面压实度。

②在路基填筑过湿土时，宜预先在土场采取焖灰处理并翻拌4遍左右，以降低含水量和减小土体的颗粒。

③路基上土后加强翻晒，同时检测灰剂量再次补充，在高于标准击实含水量1～2个点，迅速碾压成型。

④严格控制填筑厚度，压实后不允许超过20 cm。

⑤采用21 t以上压路机进行施工，特别要重视三轮压路机的碾压遍数。

⑥路基施工须按设计要求同步设置沉降观测桩，并做好沉降观测工作，在施工过程中应加强对观测桩的保护，做到观测数据的准确、真实、及时。

2.质量检测

施工过程中的检测项目包括：宽度、标高、厚度、压实度、平整度、石灰剂量等。

养生后和验收检测项目包括：弯沉。

此外，后期还需要观测有无开裂、鼓包等现象。

第三节 路面工程质量通病

一、沥青面层质量通病

（一）横向裂缝

1.现象

裂缝与路中心线基本垂直，缝宽不一，缝长有贯穿整个路幅的，也有贯穿部分路幅的。

2.原因分析

①施工缝未处理好，接缝不紧密，结合不良。

②沥青未达到适合本地区气候条件和使用要求的质量标准，致使沥青面层温度收缩或温度疲劳应力（应变）大于沥青混合料的抗拉强度（应变）。

③半刚性基层收缩裂缝的反射缝。

④桥梁、涵洞或通道两侧的填土产生固结或地基沉降。

3.预防措施

①合理组织施工，摊铺作业连续进行，减少冷接缝。冷接缝的处理，应先将已摊铺压实的摊铺带边缘切割整齐、清除碎料，然后用热混合料敷贴接缝处，使其预热软化；铲除敷贴料，对缝壁涂刷 0.3～0.6 kg/m^2 黏层沥青，再铺筑新混合料。

②充分压实横向接缝。碾压时，压路机在已压实的横幅上，钢轮伸入新铺层 15 cm，每压一遍向新铺层移动 15～20 cm，直到压路机全部在新铺层为止，再改为纵向碾压。

③根据《沥青路面施工及验收规范》（GB 50092—1996）要求，按本地区气候条件和道路等级选取适用的沥青类型，以减少或消除沥青面层温度收缩裂

缝。采用优质沥青更有效。

④桥涵两侧进行充分压实或进行加固处理；工后沉降严重地段事前应进行软土地基处理和合理的路基施工组织。

4.治理方法

为防止雨水由裂缝渗透至路面结构，对于细裂缝（2～5 mm）可用改性乳化沥青灌缝。对大于 5 mm 的粗裂缝，可用改性沥青（如 SBS 改性沥青）灌缝。灌缝前，须清除缝内、缝边碎粒料、垃圾，并使缝内干燥。灌缝后，表面撒上粗砂或 3～5 mm 石屑。

（二）纵向裂缝

1.现象

裂缝走向基本与行车方向平行，裂缝长度和宽度不一。

2.原因分析

①前后摊铺幅相接处的冷接缝未按有关规范要求认真处理，结合不紧密而脱开。

②纵向沟槽回填土压实质量差而发生沉陷。

③拓宽路段的新老路面交界处沉降不一。

3.预防措施

①采用全路幅一次摊铺，如分幅摊铺，则前后幅应紧跟，避免前摊铺幅混合料冷却后才摊铺后半幅，确保热接缝。

②如无条件采用全路幅一次摊铺，则上、下层的施工纵缝应错开 15 cm 以上。前后幅相接处为冷接缝时，应先将已施工压实完的边缘坍斜部分切除，切线须顺直，侧壁要垂直，清除碎料后，宜用热混合料敷贴接缝处，使之预热软化，然后铲除敷贴料，并对侧壁涂刷 0.3～0.6 kg/m² 黏层沥青，再摊铺相邻路幅。

摊铺时控制好松铺系数，使压实后的接缝结合紧密、平整。

③沟槽回填土应分层填筑、压实，压实度必须达到要求。

④拓宽路段的基层厚度和材料须与老路面一致，或稍厚。土路基应密实、稳定。铺筑沥青面层前，老路面侧壁应涂刷 0.3～0.6 kg/m^2 黏层沥青。沥青面层应充分压实。新老路面接缝宜用热烙铁烫密。

4.治理方法

2～5 mm 的裂缝可用改性乳化沥青灌缝，大于 5 mm 的裂缝可用改性沥青（如 SBS 改性沥青）灌缝。灌缝前，须先清除缝内、缝边碎粒料、垃圾，并保持缝内干燥，灌缝后，表面撒上粗砂或 3～5 mm 石屑。

（三）网状裂缝

1.现象

裂缝纵横交错，缝宽 1 mm 以上，缝距 40 cm 以下，面积 1 m^2 以上。

2.原因分析

①路面结构中夹有软弱层或泥灰层，粒料层松动，水稳性差。

②沥青与沥青混合料质量差，延度低，抗裂性差。

③沥青层厚度不足，层间黏结差，水分渗入，加速裂缝的形成。

3.预防措施

①沥青面层摊铺前，对下卧层应认真检查，及时清除泥灰，处理好软弱层，保证下卧层稳定，并宜喷洒 0.3～0.6 kg/m^2 黏层沥青。

②原材料质量和混合料质量严格按《沥青路面施工及验收规范》（GB 50092—1996）的要求进行选定、拌和施工。

③沥青面层各层应满足最小施工厚度的要求，保证上下层的良好连结；并从设计施工养护上采取措施有效地排除雨后结构层内积水。

④路面结构设计应做好交通量调查和预测工作，使路面结构组合与总体强度满足设计使用期限内交通荷载要求。上基层必须选用水稳定性良好的有粗粒料的石灰、水泥稳定类材料。

4.治理方法

①如夹有软弱层或不稳定结构层，则应将其铲除；如因结构层积水引起网裂，则应在铲除面层后，加设将路面渗透水排除至路外的排水设施，然后再铺筑新混合料。

②如强度满足要求，沥青面层厚度不足导致出现网状裂缝，则可采用铣削网裂的面层后加铺新料来处理。加铺厚度按现行设计规范计算确定；如果在路面上加罩，那么为减少反射裂缝，可采取各种“防反”措施进行处理。

③由路基不稳定导致路面网裂时，可采用石灰或水泥处理路基，或注浆加固处理，深度可根据具体情况确定，一般为20～40 cm。消石灰用量5%～10%，或水泥用量4%～6%。待上路基处理稳定后，再重做基层、面层。

④由基层软弱或厚度不足引起路面网裂时，可根据情况，分别采取加厚、调换或综合稳定的措施进行加强。水稳定性好、收缩性小的半刚性材料是首选基层。基层加强后，再铺筑沥青面层。

（四）反射裂缝

1.现象

基层产生裂缝后，在温度和行车荷载作用下，裂缝将逐渐反射到沥青层表面，路表面裂缝的位置形状与基层裂缝基本相似。半刚性基层以横向裂缝居多，在柔性路面上加罩的沥青路面结构层的裂缝形式不一，取决于下卧层。

2.原因分析

①半刚性基层收缩裂缝的反射裂缝。

②在柔性路面上加罩沥青路面结构层后原路面上已有裂缝包括水泥混凝土路面的接缝的反射。

3.预防措施

①采取有效措施减少半刚性基层收缩裂缝。

②在柔性路面上加罩沥青路面结构层前，可铣削原路面后再加罩，或采用

铺设土工织物、玻纤网后再加罩，以延缓反射裂缝的形成。

4.治理方法

①缝宽小于 2 mm 时，可不作处理。

②缝宽大于 2 mm 时，可采用改性乳化沥青或改性沥青（如 SBS 改性沥青）灌缝。灌缝前须先清除缝内垃圾，缝边碎粒料，并保持缝内干燥。灌缝后撒粗砂或 3～5 mm 石屑。

（五）翻浆

1.现象

基层的粉、细料浆水从面层裂缝或从多空隙率面层的空隙处析出，雨后路表面呈淡灰色。

2.原因分析

①基层用料不当，或拌和不匀，细料过多。由于其水稳性差，遇水后软化，在行车作用下浆水上冒。

②低温季节施工的半刚性基层，强度增长缓慢，而路面开放交通过早，在行车与雨水作用下基层表面粉化，形成浆水。

③冰冻地区的基层，冬季水分积聚成冰，春天解冻时翻浆。

④沥青面层厚度较薄，空隙率较大，未设置下封层和没有采取结构层内排水措施，促使雨水下渗，加速翻浆的形成。

⑤沥青表面处治和贯入式面层竣工初期，由于行车作用次数不多，结构层尚未达到应有密实度就遇到雨季，使渗水增多，基层翻浆。

3.预防措施

①将含粗粒料的水泥、石灰、粉煤灰稳定类材料作为高等级道路的上基层。粒料级配应符合要求，细料含量要适当。

②在低温季节施工时，石灰稳定类材料可掺入早强剂，以提高其早期强度。

③根据道路等级和交通量要求，选择合适的面层类型和适当厚度。沥青混

凝土面层宜采用二层式或三层式，其中一层须采用密级配。当各层均为沥青碎石时，基层表面必须做下封层。

④设计时，对空隙率较大、易渗水的路面，应考虑设置排除结构层内积水的结构措施。

⑤沥青表面处治和贯入式面层经施工压实后，空隙率仍然较大，需要有较长时间借助行车进一步压密成型。因此，这两种类型面层宜在热天或少雨季节施工。

4.治理方法

①采取切实措施，使路面排水顺畅，及时清除雨水进水孔垃圾，避免路面积水和减少雨水下渗。

②对轻微翻浆路段，将面层挖除后，清除基层表面软弱层，施设下封层后铺筑沥青面层。

③对严重翻浆路段，将面层、基层挖除。涉及路基时，还要在处理路基之后，铺筑水稳性好、含有粗骨料的半刚性材料作基层，用适宜的沥青结构层进行修复，并做好排除路面结构层内积水的技术措施。

（六）车辙

1.现象

路面在车辆荷载作用下轮迹处下陷，轮迹两侧往往有隆起，形成纵向带状凹槽，此现象在实施渠化交通的路段或停刹车频率较高的路段较易出现。

2.原因分析

①沥青混合料热稳定性不足。矿料级配不好，细集料偏多，集料未形成嵌锁结构；沥青用量偏高；沥青针入度偏大或沥青质量不好。

②沥青混合料面层施工时未充分压实，在车辆反复荷载作用下，轮迹处被进一步压密而出现下陷。

③基层或下卧层软弱或未充分压实，在行车荷载作用下，继续压密或产生

剪切破坏。

3.预防措施

①粗集料应粗糙且有较多的破碎裂面。密级配沥青混凝土中的粗集料应形成良好的骨架作用，细集料充分填充空隙，沥青混合料稳定度及流值等技术指标应满足规范要求，高等级道路应进行车辙试验检验，高速公路和城市快速路动稳定度应不小于 800 次/mm，一级公路和城市主干路动稳定度应不小于 600 次/mm。

②选用合适标号的沥青，针入度不宜过大，上海地区一般选用 70 号重交通道路石油沥青。

③施工时，必须按照有关规范要求进行碾压，基层和沥青混合料面层的压实度应分别达到 98%、95%或 96%。

④对于通行重车比例较大的道路，起动、制动频繁和有陡坡的路段，必要时可采用改性沥青混合料，提高抗车辙能力。但在选用时，必须兼顾高低温性能。

⑤道路结构组合设计时，沥青面层每层的厚度不宜超过混合料集料最大粒径的 4 倍，否则较易引起车辙。

4.治理方法

①如仅在轮迹处出现下陷，而轮迹两侧未出现隆起，则可先确定修补范围，一般可目测或将直尺架在凹陷上，与长直尺底面相接的路面处可确定为修补范围的轮廓线，沿轮廓线将 5～10 cm 宽的面层完全凿去或用机械铣削，槽壁与槽底垂直，并将凹陷内的原面层凿毛，清扫干净后，涂刷 0.3～0.6 kg/m^2 黏层沥青，用与原面层结构相同的材料修补，并充分压实，与路面接平。

②如在轮迹的两侧同时出现条状隆起，则应先将隆起部位凿去或铣削，直至其深度大于原面层材料最大粒径的 2 倍，槽壁与槽底垂直，将波谷处的原面层凿毛，清扫干净后涂刷 0.3～0.6 kg/m^2 的黏层沥青，再铺筑与面层相同级配的沥青混合料，并充分压实与路面接平。

③因基层强度不足、水稳性不好等原因引起车辙时，应对基层进行补强或将损坏的基层挖除，重新铺筑。新修补的基层应有足够强度和良好的水稳性，坚实平整；如原为半刚性基层，则可采用早期强度较高的水泥稳定碎石修筑，但其层厚不得小于 15 cm。修补时应注意与周边原基层良好衔接。

④对于受条件限制或车辙面积较小的街坊道路，可采用现场冷拌的乳化沥青混合料修补。

（七）拥包

1.现象

沿行车方向或横向出现局部隆起。拥包较易发生在车辆经常起动、制动的地方，如停车站、交叉口等。

2.原因分析

①沥青混合料的沥青用量偏高或细料偏多，热稳定性不好。在夏季气温较高时，不足以抵抗行车引起的水平力。

②面层摊铺时，底层未清扫或未喷洒（涂刷）黏层沥青，致使路面上下层黏结不好；沥青混合料摊销不匀，局部细料集中。

③基层或下面层未经充分压实，强度不足，发生变形位移。

④在路面日常养护时，局部路段沥青用量过多，集料偏细或摊铺不均匀。

⑤陡坡或平整度较差路段，面层沥青混合料容易在行车作用下向低处积聚而形成拥包。

3.预防措施

①在设计混合料配合比时，要控制细集料的用量，细集料不可偏多。选用针入度较低的沥青，并严格控制沥青的用量。

②在摊铺沥青混合料面层前，下层表面应清扫干净，均匀洒布黏层沥青，确保上下层黏结。

③在人工摊铺时，由于料车卸料容易离析，应做到粗细料均匀分布，避免

细料集中。

4.治理方法

①由于沥青混合料本身级配偏细，沥青用量偏高，或者上下层黏结不好而形成拥包，应完全铣削掉，待开挖表面干燥后喷洒 0.3～0.6kg/m^2 黏层沥青，再铺筑热稳定性符合要求的沥青混合料。当拥包周边的路面下陷时，应将其一并处理。

②如基层已被推挤，则应将损坏部分挖除，重新铺筑。

③修补时应采用与原路面结构相同或强度较高的材料。如受条件限制，则对于面积较小的修补，可采用现场冷拌的乳化沥青混合料，但应严格控制矿料的级配和沥青用量。

（八）搓板

1.现象

路表面出现轻微、连续的接近等距离的起伏状，形似洗衣搓板。虽峰谷高差不大，但行车时有明显的频率较高的颠簸感。

2.原因分析

①沥青混合料的矿料级配偏细，沥青用量偏高，高温季节时，面层材料在车辆水平力作用下，发生位移变形。

②铺设沥青面层前，未将下层表面清扫干净或未喷洒黏层沥青，致使上层与下层黏结不良，产生滑移。

③旧路面上原有的搓板病害未认真处理就在其上铺设面层。

3.预防措施

①合理设计与严格控制混合料的级配。

②在摊铺沥青混合料前，须将下层顶面的浮尘、杂物清扫干净，并均匀喷洒黏层沥青，保证上下层黏结良好。

③基层、面层应碾压密实。

④在旧路面上进行沥青罩面前，须先处理旧路面上已发生的搓板病害，否则，压路机无法将搓板上新罩的面层均匀碾压密实，新的搓板现象随即就会出现。

4.治理方法

①对于因上下面层相对滑动引起的搓板，或面积较大的搓板，应将面层全部铲除。铲除深度应大于用于修补沥青混合料最大集料粒径的2倍，槽壁与槽底垂直，清除下层表面的碎屑、杂物及粉尘后，喷洒 0.3～0.6 kg/m^2 的黏层沥青，重新铺筑沥青面层。

②在交通量较小的街坊道路上，可采用冷拌的乳化沥青混合料找平或进行小面积的修补。

（九）泛油

1.现象

路面基本上被一薄层沥青覆盖，未见或很少看到集料，路表光滑，容易引起行车滑溜交通事故。

2.原因分析

①沥青表面处治、贯入式面层使用的沥青标号不合适，针入度过大。

②沥青用量过多或集料撒布量过少。

③冬天施工，面层成型慢，集料散失过多。

3.预防措施

①施工前，选定合适的沥青标号。

②选用规定的沥青用量和染料规格。

③应避免在低温季节施工。必须在冬天施工时，应及时补撒集料。

4.治理方法

在气温较高时进行处理最为有效。如轻微泛油，则可撒布 3～5（8） mm 石屑或粗黄砂，撒布量以车轮不粘沥青为度；如泛油较严重，则可先撒布 5～

10（15）mm 集料，经行车碾压稳定后再撒布 3～5（8）mm 石屑或粗黄砂嵌缝。在使用过程中，散失的集料须及时回扫或补撒。

（十）凹槽

1.现象

表层局部松散，形成深度 2 cm 以上的凹槽。在水的侵蚀和行车的作用下，凹槽进一步扩大，或相互连接，形成较大较深坑槽，严重影响行车的安全性和舒适性。

2.原因分析

①面层厚度不够，沥青混合料黏结力不佳，沥青加热温度过高，碾压不密实，在雨水和行车等作用下，面层材料日益松散、开裂，逐步形成坑槽。

②摊铺时，下层表面泥灰、垃圾未彻底清除，使上下层不能有效黏结。

③路面罩面前，原有的坑槽、松散等病害未完全修复。

④养护不及时。在路面出现松散、脱皮、网裂等病害，或被机械刮铲损坏后，未及时养护修复。

3.预防措施

①沥青面层应具有足够的设计厚度，特别是上面层，不应小于施工压实层的最小厚度，以保证在行车荷载作用下有足够的抗力。在设计沥青混合料配合比时宜选用具有较高黏结力的较密实的级配。若采用空隙率较大的抗滑面层或使用酸性石料，则宜使用改性沥青或在沥青中掺加一定量的抗剥落剂以改善沥青和石料的黏附性能。

②在沥青混合料拌制过程中，应严格掌握拌和时间、沥青用量及拌和温度，保证混合料的均匀性，严防温度过高导致沥青焦枯现象发生。

③在摊铺沥青混合料面层前，下层应清扫干净，并均匀喷洒黏层沥青。面层摊铺后应按有关规范要求碾压密实。如在旧路面上罩面，则必须先修补旧路面上的坑槽。

④当路表面出现松散、脱皮、网裂等可能使雨水下渗的病害，或路面被机械刮铲损坏时，应及时修补以免病害扩展。

4.治理方法

①如路基完好，则坑槽深度仅涉及下面层的维修。

确定所需修补的坑槽范围，该范围一般可根据路面的情况略大于坑槽的面积。修补范围应方正并与行车方向平行或垂直。

若小面积的坑槽较多或较密时，则应将多个小坑槽合并确定修补范围。

采用人工或机械的方法将修补范围内的面层削去，槽壁与槽底应垂直。槽底面应坚实无松动现象，并使周围好的路面不受影响或松动损坏。

将槽壁、槽底的松动部分、损坏的碎块及杂物清扫干净，然后在槽壁和槽底表面均匀涂刷一层黏层沥青，用量为 0.3～0.6 kg/m^2。

将与原面层材料级配基本相同的沥青混合料填入槽内，摊铺平整，并按槽深 1.2 倍掌握好松铺系数。摊铺时要特别注意将槽壁四周的原沥青面层进线压实铺平。

用压实机具在摊铺好的沥青混合料上反复来回碾压至与原路面平齐。如坑槽较深或面积较小，无法用压实机具一次成型，则应分层铺筑，下层可采用人工夯实，上层应采用机械压实。

②如基层已损坏，则须先将基层补强或重新铺筑。基层应坚实平整，没有松散和软弱现象。

③对于交通量较小的街坊道路，采用热拌沥青混合料有困难时，可用冷拌的乳化沥青混合料来修补面层，但须采用较密实的级配，并充分碾压，以防止雨水再次下渗。

（十一）松散

1.现象

面层集料之间的黏结力丧失或基本丧失，路表面可观察到成片悬浮的集料或小块混合料，面层的部分区域明显不成整体。干燥季节，在行车作用下可见轮后粉尘飞扬。

2.原因分析

①沥青混凝土中的沥青针入度偏小，黏结性能不良；混合料的沥青用量偏少；矿料潮湿或不洁净，与沥青黏结不牢；拌和时温度偏高，沥青焦枯；沥青老化或与酸性石料间的黏附性能不良，造成路面松散。

②摊铺施工时，未充分压实，或摊铺时，沥青混凝土温度偏低；雨天摊铺，水膜降低了集料间的黏结力。

③基层强度不足，或呈湿软状态时摊铺沥青混凝土，在行车作用下可造成面层松散。

④在沥青路面使用过程中，溶解性油类的泄漏，雨雪水的渗入，降低了沥青的黏结性能。

3.预防措施

①使用酸性石料拌制沥青混合料时，须在沥青中掺入抗剥落剂或在填料中掺用适量的生石灰粉、干净消石灰、水泥，以提高沥青与酸性石料的黏附性能。

②在沥青混合料生产过程中，应选用标号合适的沥青和干净的集料，集料的含泥量不得超过规定的要求；集料在进入拌缸前应完全烘干并达到规定的温度；除按规定加入沥青外，还应在拌制过程中随时观察沥青混合料的外观，是否有因沥青含量偏少而暗淡无光泽的现象，拌制新的级配的沥青混合料时尤应加强观测；集料烘干加热时的温度一般不超过 180 ℃，避免过高，否则会加快沥青中轻质油分的挥发，使沥青过早老化，影响沥青混凝土的整体性。

③沥青混合料运到工地后应及时摊铺，及时碾压。摊铺温度及碾压温度偏低会降低沥青混合料面层的压实质量。摊铺后应及时按照有关施工技术规范要求碾压到规定的压实度，碾压结束时温度应不低于 70 ℃；应避免在气温低于 10 ℃或雨天施工。

4.治理方法

将松散的面层清除，重铺沥青混凝土面层。如涉及基层，则应先对基层进行处理。

（十二）脱皮

1.现象

沥青路面上层与下层或旧路面上的罩面层与旧路面黏结不良，表面层呈块状或片状的脱落，其形状、大小不等，严重时可成片。

2.原因分析

①摊铺时，下层表面潮湿或有泥土或灰尘等，降低了上下层之间的黏结力。

②在旧路面上加罩沥青面层时，旧路表面未凿毛，未喷洒黏层沥青，造成新面层与旧路面黏结不良而脱皮。

③面层偏薄，厚度小于混合料集料最大粒径的 2 倍，难以碾压成型。

3.预防措施

①在铺设沥青面层前，应彻底清除下层表面的泥土、杂物、浮尘等，并保持表面干燥，喷洒黏层沥青后，立即摊铺沥青混合料，使上下层黏结良好。

②旧路面应用风镐或十字镐凿毛，有条件时，采用铣削机铣削，经清扫、喷洒黏层沥青后，再加罩面层。

③单层式或双层式面层的上层压实厚度必须大于集料粒径的 2 倍，利于压实成型。

4.治理方法

①脱皮较严重的路段，应将沥青面层全部削去，重新铺筑面层。

②脱皮面积较小，且交通量不大的街坊道路，可参照凹槽治理方法进行修复。

③在脱皮部位发现下层松软等病害时，可参照凹槽治理方法对基层补强后修复。

（十三）光面

1.现象

路表面光滑，看不到粗集料或集料表面棱角已被磨除。阴雨天气易出现行车滑溜交通事故。

2.原因分析

①上面层细集料或沥青用量偏多。

②集料质地较软，磨耗大，易被汽车轮胎磨损。

3.预防措施

①选用的集料应具有较好的颗粒形状，较多的棱角。成型期间，集料散失时应及时补撒。

②沥青路面上面层混合料级配应符合《沥青路面施工及验收规范》（GB 50092—1996）的要求，避免细集料过多；公路及主干路、次干路的上面层应采用细粒式或中粒式沥青混凝土。

③采用具有足够强度、耐磨性好的集料修筑上面层。对于高速公路、一级公路和城市主干路，压碎值不大于28%，洛杉矶磨耗损失不大于30%；用于其他等级道路时，压碎值不大于30%，洛杉矶磨耗损失不大于40%。

4.治理方法

①对沥青表面处治和贯入式路面，可直接在光面上加罩封层，或用铣削机将表面层刨除，清扫后进行封层。封层材料按规范要求选择。

②对沥青混凝土路面，上面层经铣刨、清扫后，喷洒0.3～0.6 kg/m^2黏层沥青，然后铺筑细粒式或中粒式沥青混凝土上面层。

二、水泥稳定碎石基层质量通病

在工程实践中，由于对水泥稳定碎石认识不足，在配合比设计、施工控制等方面存在一些错误的认识，出现了许多质量上的缺陷，如裂缝、平整度差、厚度变化较大、表面松散等质量通病，这对道路的强度和水稳性产生了较大的影响，进而对工程质量产生了不利的影响。下面从四个方面对水泥稳定碎石基层施工过程中存在的问题进行分析，并提出相应的预防措施。

（一）裂缝问题

1.原因分析

①在配合比设计中水泥用量偏高。在以往的工程项目中，设计强度取值较高，造成水泥用量较大，水泥用量大会造成基层整体刚度增强，引起温度收缩和干缩裂缝。

②细集料用量偏高。为了施工的便利，提高平整度，人为提高细集料用量，容易产生干缩裂缝。

③拌和用水量变化较大。不重视对拌和机用水量的控制，在拌和过程中随意改变水泵的工作参数，使混合料含水量的变化较大，混合料的干湿程度不均匀，从而引起干缩裂缝。

④养生不到位。对养生工作的重视程度不够，投入较少，洒水和覆盖措施跟不上，使混合料在干湿交替过程中产生温度裂缝。

2.预防措施

①在规范规定范围内适当降低水泥用量，合理降低设计强度，减少裂缝。如以往工程中设计强度取值为 5 MPa 左右，根据现行规范要求，配合比设计强度取值宜为 4.0～4.5 MPa。

②在配合比设计时，对集料级配进行调整，在规范规定范围内尽量减少细集料用量，形成骨架密实型结构，具体做法如下：降低 4.75 mm 筛孔通过率，粗集料比例增加，可形成骨架密实结构，一般控制在 35%以下；提高 19 mm 筛孔通过率，粗集料比例增多，可减少离析，一般为 80%左右；降低 0.075 mm 和 0.6 mm 筛孔通过率，能大幅度提高半刚性材料的抗裂能力，0.075mm 筛孔通

过率不能超过 4%，0.6 mm 筛孔通过率一般不超过 15%。

（二）平整度差问题

1.原因分析

①原底基层或土基平整度差。下承层平整度差会引起摊铺厚度变化较大，经过压路机压实后其表面平整度较差。

②在拌和中随意改变配合比参数，导致混合料级配变化较大，从而导致混合料中集料、水泥和含水量分布不均，使水泥稳定碎石基层收缩不均匀，影响平整度。

③在摊铺过程中运输车辆倒车时碰撞摊铺机，摊铺机不能保证匀速、不间断的摊铺，甚至出现停机现象。运输车辆碰撞摊铺机是摊铺施工的大忌，它会使摊铺层厚形成“陡坎”，造成平整度的差异；摊铺速度忽快忽慢，会引起摊铺机熨平板的夯实程度（亦称初夯）变化较大，表面形成“波浪”；长时间的停机会使摊铺机熨平板下沉，形成凹形。

④在摊铺过程中不良的收斗习惯造成粗骨料相对集中，形成“窝料”，导致平整度差、强度降低。

⑤在碾压过程中压路机在碾压层上随意调头和急刹车，其车轮会将混合料表面挤压变形。

⑥接缝处理未引起足够重视，造成接头处平整度差。

⑦施工管理跟不上，未设专人对施工过程中出现的操作缺陷及时处理。

2.预防措施

①严格施工报验程序，在施工前对下承层或土基进行验收，对平整度和高程指标重点检测，对不合格处应及时处理。

②认真做好技术交底工作，要针对拌和、运输、摊铺、压实、养生及交通管制等各个环节中易出现的不规范行为进行交底，交底要交到每个班组、每个施工人员。

③认真做好拌和站的标定工作，对试验路段确定的各项拌和参数要认真执行，严禁随意调整拌和参数。

（三）厚度变化较大的问题

1.原因分析

①原底基层或土基平整度差，局部产生变形。摊铺机是根据基准钢丝绳的高程进行摊铺的，下承层高低不平导致摊铺层厚薄不一，进而造成压实厚度变化较大。

②摊铺基准线是摊铺机工作的依据，对摊铺基准线保护不力会造成摊铺参数出现较大的变化，引起摊铺厚度的较大变化。

③在摊铺过程中频繁调整电脑传感器。一般来说，对电脑传感器的调整，摊铺机约有 10～15 m 摊铺距离的反应间隔时间，频繁调整电脑传感器，并不能达到预期的调整目标。

2.预防措施

①严格施工报验程序，在施工前对下承层或土基进行验收，对平整度和高程指标重点检测，对不合格处和严重变形处应及时处理。

②测量放线组设专人对摊铺基准线进行保护，若发现破坏，则应及时恢复。

③合理减少电脑传感器的调整次数。

（四）表面松散的问题

1.原因分析

①混合料含水量过大，压实时形成“弹簧”，导致强度降低；含水量过小，无法压实，也会导致强度降低。这两种情况都会在通车后引起表面松散。

②混合料离析会导致混合料无法压实，从而在通车后引起表面松散。

③压实遍数不够、碾压速度过快、漏压均会造成压实度不足、强度过低，从而在通车后引起表面松散。

④洒水不及时，特别是在养生期前期，会造成强度不足，从而在通车后引起表面松散。

⑤在养生期前期，基层强度还未形成，出现车辆通行的现象。车辆通行会破坏基层，导致强度明显下降，从而引起表面松散。

2.预防措施

①严格控制拌和质量，拌和前应提前检测各种集料的含水量（特别是在雨后施工），由实验室出具拌和配合比通知单，拌和站严格按通知单施工。

②设专人对摊铺离析处及时翻拌或换料处理，然后方能进行碾压工作。

③安排质检人员对压实工序全过程进行监督，重点控制压实遍数和碾压速度，杜绝漏压现象。

④碾压结束后及时进行压实度检测，如压实度不足，则要及时分析原因，进行补压处理。

⑤加强养生工作，尽量采用覆盖养生，并经常洒水，保证表面湿润不干燥。

⑥加强交通管制工作，对养生路段实行封闭管理，设置标示牌、路障，设专人进行巡查，严防车辆进入养生路段。

第三章　路基施工技术

第一节　挖方路基施工

一、土质路堑施工技术

（一）土质路堑施工工艺流程

1.测量放样

①路基施工前，应对原地面进行复测，核对或补充横断面，若发现问题，则应进行处理。

②路基施工前，应设置标识桩，对路基用地界、路堑坡顶、取土坑、护坡道、弃土堆等具体位置标识清楚。

③对深挖路堑，每挖 3～5 m 或者一个边坡平台（碎落台）应复测中线和横断面。

④高速公路和一级公路施工时，标高控制桩间距不宜大于 200 m。

2.场地清理

①应按设计图纸进行用地放样，确定路基施工界限，保护所有监理工程师指定的要保留的植被、地下构造物及其他设施等。

②认真排查路基范围内的既有通信、供电设施和道路情况，明确其产权单位，在与产权单位协商一致后方可拆除，拆除时需由专业人员指导。

③路基用地范围内的旧桥梁、旧涵洞、旧路面和其他障碍物等应予以拆

除，对正在使用的道路设施及构造物，应在对其正常使用做出妥善安排之后才能拆除。

④应对路幅范围内、取土坑的原地面表面腐殖土、表土、草皮等进行清理，填方地段还应按设计要求整平压实。

3.逐层开挖

①应根据实际地形、地貌，在适当位置设置截水沟。截水沟应与排水系统顺接，确保排水通畅。按照动态的管理模式，及时维护和整修平台截水沟、坡面急流槽，以确保已开挖边坡免受雨水冲刷影响。

②路堑开挖应按照设计断面测量放样，边开挖边整形，坡面应平整、稳定，不得产生亏坡等病害。

③挖方段路基边桩间距不应大于 20 m，曲线半径较小时可间隔 10 m。每开挖 2～5 m 应恢复中桩，检查开挖位置断面的左、中、右三点标高及宽度。

④在开挖至边坡时，应预留 30 cm 厚度以便刷坡，开挖一级、防护一级、绿化一级，并保证边坡平台和坡面排水通畅。路基开挖时，如需修改设计边坡坡度、截水沟和边沟的位置及尺寸，则应及时按规定报批。

⑤经试验确定能够用于路基填筑的土质应分类开挖，不能作为路基填料的应按照方案进行处理。开挖应按照自上而下的顺序进行，随挖随修正边坡，并及时对坡面进行复测。

⑥在开挖时注意对图纸未标示出的地下管道、缆线、文物古迹和其他结构物的保护。

⑦路堑开挖完成后，及早安排边坡防护和边沟施工，按设计标高平整路床，尽快进行路基填筑。

⑧路床施工前应先开挖两侧排水沟（纵向坡度不小于 1%），及时将雨水排出路基外，防止雨水聚集危害路床。在渗水量大的部位有针对性地设置仰斜排水孔。

⑨填挖接合部应在路堑端挖台阶与填方路堤相衔接，台阶宽度不小于 2 m，

台阶高度不得超过 2 m，设置 2%～4%的倒坡，路床顶面横向搭接长度不宜小于 5 m。

⑩对于深挖路堑应采用动态变形监测方案同步现场施工，做好施工期间的变形观测。

4.装运土方

①正式施工前，按交通运输主管部门及交警部门要求规划好运土路线。

②在陡坡、高坡、坑边处卸土时，停卸地点必须平整坚实，地面宜有反坡，与边缘必须保持安全距离。

③在填料装运过程中尽量避免粗细料的离析。

5.路床整形、碾压、成型

路床开挖至接近设计标高时，加强高程和中线测量检查，保证路基面的宽度、标高、纵坡、平整度及横坡、边坡符合规范和设计要求。

开挖至零填或路堑路床部分时，应尽快进行路床施工。如不能及时施工，则应及时完善临时排水设施，并在路床底面以上预留至少 30 cm 厚的保护层，待路床施工前迅速挖除。

挖方路基开挖至基底高程应预留路床基底压实引起的下沉量，其值由试验确定。

碾压时，按照“先压边缘、后压中间，先慢后快，先静压、后振动”的操作原则进行。

路床检验合格后，报监理工程师检查，无误后方可进行第一层路基填筑。

（二）作业方法

1.横向挖掘法

土质路堑横向挖掘可采用人工作业，也可采用机械作业，具体方法有：

①单层横向全宽挖掘法：从开挖路堑的一端或两端按断面全宽一次性挖到设计标高，逐渐向纵深挖掘，挖出的土方一般向两侧运送。该方法适用于挖掘

浅且短的路堑。

②多层横向全宽挖掘法：从开挖路堑的一端或两端按断面分层挖到设计标高。该方法适用于挖掘深且短的路堑。

2.纵向挖掘法

土质路堑纵向挖掘多采用机械作业，具体方法有：

①分层纵挖法：沿路堑全宽，以深度不大的纵向分层进行挖掘。该方法适用于较长的路堑开挖。

②通道纵挖法：先沿路堑挖掘一通道，然后将通道向两侧拓宽以扩大工作面，并利用该通道作为运土路线及场内排水的出路。该层通道拓宽至路堑边坡后再挖下层通道，如此向纵深开挖至路基标高。该方法适用于较长、较深、两端地面纵坡较小的路堑开挖。

③分段纵挖法：沿路堑纵向选择一个或几个适宜处，将较薄一侧堑壁横向挖穿，使路堑分成两段或数段，各段再纵向开挖。该方法适用于过长、弃土运距过远、一侧堑壁较薄的傍山路堑开挖。

3.混合式挖掘法

混合式挖掘法是指将多层横向全宽挖掘法和通道纵挖法混合使用，即先沿路线纵向挖通道，然后沿横向坡面挖掘，以增加开挖面。该方法适用于路线纵向长度和挖深都很大的路堑开挖。

（三）机械开挖作业方式

1.推土机开挖土质路堑作业

推土机开挖土质路堑作业由切土、运土、卸土、倒退（或折返）、空回等过程组成一个循环。切土和运土两个环节对作业效率的影响较大，因此必须以最短的时间和距离切满土，并尽可能减少土在推运过程中的散失。推土机开挖土质路堑作业方法与填筑路基相同的有下坡推土法、槽形推土法、并列推土法、接力推土法和波浪式推土法，另有斜铲推土法和侧铲推土法。

2.挖掘机开挖土质路堑作业

在土方路堑开挖中使用最多的是正铲挖掘机。正铲挖掘机挖装作业灵活，回转速度快，工作效率高，特别适用于与运输车辆配合开挖土方路堑。正铲工作面的高度一般不应小于 1.5 m，否则将降低生产效率，过高则易塌方损伤机具。其作业方法有侧向开挖和正向开挖。

二、石质路堑施工技术

（一）基本要求

在开挖程序确定之后，根据岩石条件、开挖尺寸、工程量和施工技术要求，通过方案比较拟定合理的方式。其基本要求是：

①保证开挖质量和施工安全。

②符合施工工期和开挖强度的要求。

③有利于维护岩体完整和边坡稳定。

④可以充分发挥施工机械的生产能力。

⑤辅助工程量少。

（二）开挖方式

1.钻爆开挖

钻爆开挖是当前广泛采用的开挖方式，具体包括薄层开挖、分层开挖（梯段开采挖）、全断面一次开挖和特高梯段开挖等方式。

2.直接应用机械开挖

使用带有松土器的重型推土机破碎岩石，一次破碎深度 0.6～1.0 m。该方式适用于施工场地开阔、大方量的软岩石方工程。其优点是没有钻爆工序作业，不需要风、水、电辅助设施，简化了场地布置，加快了施工进度，提高了生产能力；缺点是不适用于破碎坚硬岩石。

3.静态破碎

静态破碎是将膨胀剂放入炮孔内，利用产生的膨胀力，缓慢地作用于孔壁，经过数小时至 24 h 达到 300～500 MPa 的压力，使介质裂开。该方式适用于在设备附近、高压线下以及开挖与浇筑过渡段等特定条件下的开挖。其优点是安全可靠，没有爆破产生的公害；缺点是破碎效率低，开裂时间长。

第二节　路基爆破施工

一、综合爆破施工技术

综合爆破一般包括小炮和洞室炮两大类。小炮主要包括钢钎炮、深孔爆破等钻孔爆破，洞室炮主要包括药壶炮和猫洞炮，随药包性质、断面形状和微地形的变化而不同。

（一）钢钎炮

钢钎炮通常指炮眼直径和深度分别小于 70 mm 和 5 m 的爆破技术。钢钎炮比较灵活，适用于地形艰险及爆破量较小地段（如打水沟，开挖便道、基坑等），在综合爆破中是一种改造地形，为其他炮型服务的不可缺少的辅助炮型。由于钢钎炮炮眼浅，用药少，每次爆破的方数不多，并全靠人工清除，所以不利于爆破能量的利用且工效较低。

（二）深孔爆破

深孔爆破是孔径大于 75 mm、深度在 5 m 以上、采用延长药包的一种爆破技术。

深孔爆破炮孔需用大型的潜孔凿岩机或穿孔机钻孔，如用挖运机械清方可以实现石方施工全面机械化，劳动生产率高，一次爆破的方量大，施工进度快，爆破时比较安全，是大量石方（万方以上）快速施工的发展方向之一。

（三）药壶炮

药壶炮是指在深 2.5～3.0 m 以上的炮眼底部用小量炸药经一次或多次烘膛，使眼底呈葫芦形，将炸药集中装入药壶中进行爆破。

药壶炮主要用于露天爆破，其使用条件是：岩石应在Ⅺ级以下，不含水分，阶梯高度（*H*）小于 10～20 m，自然地面坡度在 70° 左右。如果自然地面坡度较缓，一般先用钢钎炮切脚，炸出台阶后再使用。经验证明，药壶炮最好用于Ⅶ～Ⅸ级岩石，中心挖深 4～6 m，阶梯高度在 7 m 以下。药壶炮装药量可根据药壶体积而定，一般介于 10 kg 到 60 kg 之间，最多可达 100 kg。每次可炸岩石数十方至数百方。

（四）猫洞炮

猫洞炮系指炮洞直径为 0.2～0.5 m，洞穴水平或略有倾斜（台眼），深度小于 5 m，用集中药包在炮洞中进行爆炸的一种技术。

猫洞炮充分利用岩体本身的崩塌作用，能用较浅的炮眼爆破较高的岩体，一般爆破可炸松 15～150 m^3。其最佳使用条件是：岩石等级一般为Ⅸ级以下，最好是Ⅴ～Ⅶ级；阶梯高度最小应大于眼深的 2 倍，自然地面坡度不小于 50°，最好在 70° 左右。由于炮眼直径较大，爆能利用率甚差，故炮眼深度应当大于 1.5 m，不能放孤炮。猫洞炮工效一般可达 4～10 m^3，单位耗药量在 0.13～0.3 kg/m^3。在有裂缝的软石、坚石中，阶梯高度大于 4 m，药壶炮药壶不易形成时，采用猫洞炮可以获得好的爆破效果。

二、路基爆破施工技术

（一）常用爆破技术

1.光面爆破

在开挖限界的周边适当排列一定间隔的炮孔，在有侧向临空面的情况下，用控制抵抗线和药量的方法进行爆破，使之形成一个光滑平整的边坡。

2.预裂爆破

在开挖限界处按适当间隔排列炮孔，在没有侧向临空面和最小抵抗线的情况下，用控制药量的方法，预先炸出一条裂缝，使拟爆体与山体分开，作为隔震减震带，以保护开挖限界以外山体或建筑物和减弱地震对其破坏的作用。

3.微差爆破

两个相邻药包或前后排药包以若干毫秒的时间间隔（一般为 15～75 ms）依次起爆，称为微差爆破，亦称毫秒爆破。

4.定向爆破

利用爆能将大量土石方按照指定的方向，搬移到一定的位置并堆积成路堤的一种爆破施工技术，称为定向爆破。

5.洞室爆破

为使爆破设计断面内的岩体大量抛掷（抛坍）出路基，减少爆破后的清方工作量，保证路基的稳定性，可根据地形和路基断面形式，采用抛掷爆破、定向爆破、松动爆破。抛掷爆破有三种形式：

①平坦地形的抛掷爆破（亦称扬弃爆破）。自然地面坡角 $\alpha<15°$ ，路基设计断面为拉沟路堑，石质大多是软石时，为使石方大量扬弃到路基两侧，通常采用稳定的加强抛掷爆破。

②斜坡地形路堑的抛掷爆破。自然地面坡角 α 在 15°～50°，岩石也较松软时，可采用抛掷爆破。

③斜坡地形半路堑的抛掷爆破。自然地面坡角 α>30°，地形地质条件均较复杂，临空面大时，宜采用这种爆破技术。在陡坡地段，岩石只要充分破碎，就可以利用岩石本身的自重坍滑出路基，提高爆破效果。

（二）石质路堑爆破施工技术要点

①恢复路基中线，放出边线，钉牢边桩。

②根据地形、地质及挖深选择适宜的开挖爆破技术，制定爆破方案，做出爆破施工组织设计。

③用推土机整修施工便道，清理表层覆盖土及危石。

④在地面上准确放出炮眼（井）位置，竖立标牌，标明孔（井）号、深度、装药量。

⑤用推土机配合爆破，创造临空面，使最小抵抗线方向面向回填方向。

⑥炮眼按其不同深度，采用手风钻或潜孔钻钻孔，炮眼布置在整体爆破时采用梅花形或方格形，预裂爆破时采用一字形，洞室爆破根据设计确定药包的位置和药量。

⑦在居民区及地质不良可能引起坍塌后遗症的路段，原则上不采用大中型洞室爆破。在石方集中的深挖路堑采用洞室爆破时，应认真设计分集药包位置和装药量，精确测算爆破漏斗，防止超爆、少爆或震松边坡，留下后患。

⑧爆破施工要严格控制飞石距离，采取切实可行的措施，确保人员和建筑物的安全，如采用微差爆破技术，则应将一响最大药量控制为最深单孔药量。

⑨确保边坡爆破质量，采用预裂爆破技术、光面爆破技术和微差爆破技术，同时配合选择合理的爆破参数，减少冲击波影响，降低石料大块率，以减少二次破碎，利于装运和填方。

⑩装药前要布好警戒，选择好通行道路，认真检查炮孔、洞室，吹净残渣，

排除积水，做好爆破器材的防水保护工作，雨季或有地下水时，可考虑采用乳化防水炸药。

⑪装药分单层装药、分层装药、预裂装药及洞室内集中装药。炮眼装药后用木杆捣实，填塞黏土。洞室装药时，将预先加好的起爆体放在药包中心位置，周围填以硝酸安全炸药，用砂黏土填塞，填塞时要注意保护起爆线路。

⑫认真设计，严密布设起爆网络，防止发生短路及二响重叠现象。

⑬顺利起爆，并清除边坡危石后，用推土机清出道路，用推土机、铲运机纵向出土填方，运距较远时，用挖掘机械装土，自卸汽车运输。

⑭随时注意控制开挖断面，切勿超爆，适时清理整修边坡和暴露的孤石。

⑮路基开挖至设计标高，经复测检查断面尺寸合格后，及时开挖边沟和排水沟、截水沟，经监理工程师验收合格后，按设计对边沟、边坡进行防护，边沟施工要做到尺寸准确，线形直顺，曲线圆滑，沟底平顺，排水畅通，浆砌护坡要做到平整坚实，灰浆饱满。路槽整理要掌握好，做到一次标准成型验收合格。

第三节　填方路基施工

一、路基填料的选择

（一）路床填料

用于公路路基的填料要求挖取方便，压实容易，强度高，水稳定性好。其中强度要求是按承载比（CBR 值）确定，应通过取土试验确定填料最小强度和最大粒径。路床填料最大粒径应小于 100 mm，路床填料应均匀。

（二）路堤填料

路堤填料的一般要求如下：

①路堤宜选用级配较好的砾类土、砂类土等粗粒土作为填料，填料最大粒径应小于 150 mm。

②含草皮、生活垃圾、树根、腐殖质的土严禁作为填料。

③泥炭、淤泥、冻土、强膨胀土、有机质土及易溶盐超过允许含量的土，不得直接用于填筑路基；确需使用时，必须采取技术措施进行处理，经检验满足设计要求后方可使用。

④液限大于 50%、塑性指数大于 26、含水量不适宜直接压实的细粒土，不得直接作为路堤填料；确需使用时，必须采取技术措施进行处理，经检验满足设计要求后方可使用。

⑤浸水路堤、桥涵台背和挡土墙墙背宜采用渗水性好的填料。在渗水材料缺乏的地区，采用细粒土填筑时，可采用无机结合料进行稳定处理。

下面主要介绍填石路堤填料和土石路堤填料。

1.填石路堤填料

山区填石路堤最为常见，石料来源主要是路堑和隧道爆破后的石料。硬质岩石、中硬岩石、软质岩石可用作路堤填料，膨胀性岩石、易溶性岩石和盐化岩石等不得用于路堤填筑。填石路堤填料的粒径应不大于 500 mm，并不宜超过层厚的 2/3，不均匀系数宜为 15～20。

填石路堤顶部最后一层填石料的铺筑层厚不得大于 0.4 m，填料粒径不得大于 150 mm，其中小于 5 mm 的细料含量不应小于 30%，且铺筑层表面应无明显孔隙、空洞。填石路堤上部采用其他材料填筑时，可视需要设置土工布作为隔离层。

2.土石路堤填料

膨胀性岩石、易溶性岩石等不宜直接用于路堤填筑，崩解性岩石和盐化岩石等不得直接用于路堤填筑。在天然土石混合填料中，中硬、硬质石料的最大粒径不得大于压实层厚的2/3；石料为强风化石料或软质石料时，其CBR值应符合规范的规定，石料最大粒径不得大于压实层厚。

二、路堤施工技术

（一）土质路堤施工技术

1.土质路堤的填筑技术

（1）填筑方式

土质路堤填筑常用推土机、铲运机、平地机、压路机、挖掘机、装载机等机械按以下几种方式作业：

①水平分层填筑：填筑时按照横断面全宽分成水平层次，逐层向上填筑，是路基填筑的常用方式。

②纵向分层填筑：依路线纵坡方向分层，逐层向上填筑。常用于地面纵坡大于12%、用推土机从路堑取料、填筑距离较短的路堤。其缺点是不易碾压密实。

③横向填筑：从路基一端或两端按横断面全高逐步推进填筑。由于填土过厚，不易压实，仅用于无法自下而上填筑的深谷、陡坡、断岩、泥沼等机械无法进场的路堤。

④联合填筑：路堤下层用横向填筑而上层用水平分层填筑，适用于因地形限制或填筑堤身较高，不宜采用水平分层填筑或横向填筑方式进行填筑的情况。单机或多机作业均可，一般沿线路分段进行，每段距离以20～40 m为宜，多在地势平坦或两侧有可利用的山地土场的场合采用。

（2）机械填筑路堤作业方式

①推土机填筑路堤作业方式。推土机作业效率取决于切满土的速度、距离以及推土过程中切满刀片中的土散失量和推运速度。其作业方式一般包括坑槽

推土等。

②挖掘机填筑路堤作业方式。利用挖掘机填筑路堤施工，一般有两种方式：一种为从路基一侧挖土，直接卸向另一侧填筑路堤。采用这种方式时，用反铲挖掘机施工比较方便。另一种方式为配合运土车辆，挖掘机挖土装车后，运至路堤施工现场卸土填筑，这是挖掘机填筑路堤施工的主要方式，正、反铲挖掘机都能适用，而且一般在取土场比较集中且运距较长的情况下最宜采用。以上两种方式都宜与推土机配合施工。

2.土质路堤压实施工技术要点

压实机械对土进行碾压时，一般以慢速效果最好，除羊足碾或凸块碾外，压实速度以 2～4 km/h 最为适宜。羊足碾的速度可以快些，在碾压黏土时最高可达 12～16 km/h，还不致影响碾压质量。各种压实机械的作业速度，应在填方前做试验段碾压，找出最佳效果的碾压速度，正式施工时参照执行。

碾压一段终了时，宜采取纵向退行方式继续第二遍碾压，不宜采用掉头方式，以免因机械掉头时搓挤土，使压实的土被翻松。故压路机始终要以纵向进退方式进行压实作业。

在整个全宽的填土上压实，宜纵向分行进行，直线段由两边向中间进行，曲线段宜由曲线的内侧向外侧进行（当曲线半径超过 200 m 时，可以按直线段方式进行）。两行之间的接头一般应重叠 1/4～1/3 轮迹；采用三轮压路机时，应重叠后轮的 1/2。

纵向分段压好以后，进行第二段压实时，在纵向接头处的碾压范围宜重叠 1～2 m，以确保接头处平顺过渡。

3.土质路堤施工规定

①性质不同的填料，应水平分层、分段填筑、分层压实。同一水平层路基的全宽应采用同一种填料，不得混合填筑。每种填料的填筑层压实后的连续厚度不宜小于 500 mm。填筑路床顶最后一层时，压实后的厚度应不小于 100 mm。

②对潮湿或冻融敏感性小的填料应填筑在路基上层。强度较小的填料应填筑在下层。在有地下水的路段或临水路基范围内，宜填筑透水性好的填料。

③在透水性不好的压实层上填筑透水性较好的填料前，应在其表面设2%～4%的双向横坡，并采取相应的防水措施。不得在由透水性较好的填料所填筑的路堤边坡上覆盖透水性不好的填料。

④每种填料的松铺厚度应通过试验确定。

⑤每一填筑层压实后的宽度不得小于设计宽度。

⑥路堤填筑时，应从最低处起分层填筑，逐层压实；当原地面纵坡大于12%或横坡陡于1∶5时，应按设计要求挖台阶，或设置坡度向内并大于4%、宽度大于2 m的台阶。

⑦填方分几个作业段施工时，如接头部位不能交替填筑，则先填路段应按1∶1坡度分层留台阶；如能交替填筑，则应分层相互交替搭接，搭接长度不小于2 m。

（二）填石路堤施工技术

1.填石路堤施工工艺流程

（1）施工准备

①对原地面进行处理：清除原地面草皮、耕作物、树根、淤泥、腐殖土等有害物质，用压路机碾压至规定压实度，检测合格后进行下一道工序。

②确定取料场的位置，制定采集方案，配备自卸车及附属机械，规划便道。

③对填料做标准试验，同一作业段材料尽量材质均匀，达到填石路堤的质量要求，集料比例、细料含量、塑性指数等符合规定。

④每一种填料开始填筑前应做试验路段，验证压路机型、铺填厚度、碾压遍数、检测质量方法和控制方法。

（2）测量放样

①复核中桩线、水准点高程和中桩标高。

②按纵向设计标高和横断面设计图，逐桩放样。

③钉出中心桩和边桩，设置标杆，标出每层的填筑高度，挂线施工。

④设置好观测沉降量的基准点和桩位。

（3）备料

经监理工程师批准的取料场，用推土机清除覆盖后，再用推土机、装载机或挖掘机按填料要求进行备料，监理工程师签认“材料许可证”。

（4）摊铺

选用大吨位自卸汽车运料至施工路段内，运用车推法摊铺。首先将一车石料卸在填筑地段，推土机马上根据填石路堤容许松铺厚度摊平，然后将第二车料卸在第一车料摊平的末端，第一车料的石块就均匀地被压在下面，细料在表面嵌缝，这样填石路堤表面看不见突石，既平整又顺适，且便于压实。

（5）分层填筑

①应安排好石料运输路线，派专人指挥，按水平分层，先低后高、先两侧后中间卸料，并用大型推土机摊平。个别不平处应配合人工用细石块、石屑找平。虚铺厚度按规定，一般路床以下 0～50 cm 为 30 cm，50 cm 以下为 40 cm。

②如石块天然级配交叉，粒径大，石块间的空隙较大，则可于每层表面的空隙里扫入石渣、石屑、中粗砂或砂砾，再以压力水将砂冲入下部，反复数次，使空隙填满。

③对于大于 20 cm 的石块，采用人工捡出或砸碎。如填料颗粒非常均匀，无细料填充，则可用小石块找平，石屑塞缝，最后压实。

④粒径在 20 cm 以上的石块较多时，边坡外侧可选用微风化的坚硬石料砌筑，厚度不小于 1.0 cm，可以起到封路基的作用。

（6）洒水

填石路堤不同于土质路基，难以确定最大干密度和最佳含水量，在路堤填筑过程中根据填料颗粒组成和石料性质，经现场监理人员同意，可适量洒水，使路基表面平整。

（7）碾压和整修

只有选用振动压路机，才能达到最佳压实度。碾压速度不宜大于 3 km/h，碾压时直线段由两边向中间，小半径曲线段由内侧向外侧，纵向进退式进行。

纵向接头搭重压不小于 2 m，横向接头轮迹重叠 1/3，直到无漏压、无死角，确保碾压均匀。

按设计断面进行边坡整修，达到平整、无悬石。每层填筑时，留有超宽（每侧各 25 cm），边坡坡度按 1∶5 控制，施工时路拱按 2%，路床顶面按 1.5%控制。

（8）检查压实度

填石路堤的压实检测采用沉降量观测法，沿路纵向每 20 m 一处，横向不小于 3 点（左、中、右各一点），每 100 m^2 不少于 10 点，定点观测每层压实后表面标高。

2.填筑方法

（1）竖向填筑法（倾填法）

以路基一端按横断面的部分或全部高度自上往下倾卸石料，逐步推进填筑。该方法主要用于二级及二级以下，且铺设低级路面的公路，也可用在陡峻山坡施工特别困难或大量以爆破方式挖开填筑的路段，以及无法自下而上分层填筑的陡坡、断岩、泥沼地区和水中作业的填石路堤。采用该方法时，施工路基压实、稳定问题较多。

（2）分层压实法（碾压法）

自下而上水平分层，逐层填筑，逐层压实，是普遍采用并能保证填石路堤质量的方法。高速公路、一级公路和铺设高级路面的其他等级公路的填石路堤采用此方法。

一般将填方路段划分为四级施工台阶、四个作业区段，按施工工艺流程进行分层施工。四级施工台阶是：在路基面以下 0.5 m 为第一级台阶，0.5～1.5 m 为第二级台阶，1.5～3.0 m 为第三级台阶，3.0 m 以上为第四级台阶。

在施工中，填方和挖方作业面形成台阶状，台阶间距视具体情况和适应机械化作业而定，一般长为 100 m 左右。填石作业从最低处开始，逐层水平填筑，每一分层先是机械摊铺主骨料，平整作业铺撒嵌缝料，将填石空隙以小石或石屑填满铺平，采用重型振动压路机碾压，压至填筑层顶面石块稳定。

（3）冲击压实法

利用冲击压实机的冲击碾周期性、大振幅、低频率地对路基填料进行冲击，压密填方。该方法既具有分层压实法连续性的优点，又具有强力夯实法压实厚度深的优点；缺点是在周围有建筑物时，使用受到限制。

（4）强力夯实法

用起重机吊起夯锤从高处自由落下，利用强大的动力冲击迫使岩土颗粒位移，提高填筑层的密实度和地基强度。对强夯施工后的表层松动层，采用振动碾压法进行压实。采用该方法时，机械设备简单，击实效果显著，在施工中不需铺撒细粒料，施工速度快。该方法有效解决了大块石填筑地基厚层施工的夯实难题。

3.填石路堤施工要点

下面以强力夯实法为例进行分析。

（1）强力夯实法简要施工程序

填石分层强夯施工，要求分层填筑与强夯交叉进行，各分层厚度的松铺系数，第一层可取 1.2，以后各层根据第一层的实际情况调整。每一分层连续挤密式夯击，夯后形成夯坑，夯坑以同类型石质填料填补。由于分层厚度为 4～5 m，填筑作业以堆填法施工，装运需要大型装载机和自卸汽车配合作业，铺筑需要大型履带式推土机摊铺和平整，夯坑回填也需要推土机完成，路基面需要振动压路机进行最后的压实平整作业。

强力夯实法与碾压法相比，只是夯实与压实的工艺不同，而填料粒径控制、铺填厚度控制都要进行。采用强力夯实法时，需控制夯击击数；采用碾压法时，需控制压实遍数。

（2）分层厚度

施工分层线与设计路面平行，以保证路堤、路床和路面底层压实的均匀性。强夯压实要求分层进行。分层厚度 5.0 m 左右、高度 20 m 以内的填石路堤分四层进行，其中底层稍厚，但不超过 5.5 m，面层稍薄，一般为 4.0 m。由于分层层面与路面纵坡平行，应按中桩桩号计算列出各分层在路堤相应位置的控制性层面标高，并将其作为分层填筑的依据。

（3）各层夯点间距布置

各层夯点采用错位布置，即上层夯点位于下层四夯点间，以获得良好的击实效果。纵向上第一层和第三层在道路中线上布置夯点，并向两侧展布；第二层和第四层在距中心线两侧 2.25 m 处布置夯点，夯点间距 4.5 m×4.5 m。

强夯石质填料的粒径一般控制在 40 cm 以内，最大粒径不超过 60 cm；在施工过程中若发现夯锤歪斜，则应及时将坑底整平再夯；在有结构物如涵洞、挡墙等附近作业时，涵背、墙背 6 m 范围内填石以碾压法施工，强夯施工一定要远离涵墙、挡土墙外 6 m 作业，以保证结构物安全；测量仪器架设在距离夯点 30 m 远处；夯机操作室前应安装牢固的安全防护网，注意检查滑钩、钢丝绳等；夯锤下落时，机下施工人员应当站在距夯点 30 m 外的地方或站在夯机后方。

4.压实质量标准

对不同强度的石料，应分别采用不同的填筑层厚和压实控制标准。填石路堤的压实质量宜采用孔隙率作为控制指标。施工压实质量可采用孔隙率与压实沉降差或施工参数（压实功率、碾压速度、压实遍数、铺筑层厚等）联合控制。孔隙率的检测应采用水袋法进行。

5.填石路堤施工要求

①路堤施工前，应先修筑试验路段，确定满足孔隙率标准的松铺厚度、压实机械型号及组合、压实速度、压实遍数、沉降差等参数。

②路床施工前，应先修筑试验路段，确定能达到最大压实干密度的松铺厚度、压实机械型号及组合、压实速度、压实遍数、沉降差等参数。

③二级及二级以上公路的填石路堤应分层填筑压实。二级以下砂石路面公路在陡峻山坡地段施工特别困难时，可采用倾填的方式将石料填筑于路堤下

部，但在路床底面以下不小于 1.0 m 范围内仍应分层填筑压实。

④岩性相差较大的填料应分层或分段填筑。严禁将软质石料与硬质石料混合使用。

⑤用中硬、硬质石料填筑路堤时，应进行边坡码砌。码砌边坡的石料强度、尺寸及码砌厚度应符合设计要求。边坡码砌与路基填筑宜基本同步进行。

⑥压实机械宜选用自重不小于 18 t 的振动压路机。

⑦在填石路堤顶面与细粒土填土层之间应按设计要求设过渡层。

（三）土石路堤施工技术

1.填筑方法

土石路堤不得采用倾填方法，只能采用分层填筑、分层压实的方法；宜用推土机铺填，松铺厚度控制在 40 cm 以内，接近路堤设计标高时，需改用土方填筑。

2.土石路堤施工要求

①压实机械宜选用自重不小于 18 t 的振动压路机。

②施工前，应根据土石混合材料的类别分别进行试验路段的施工，确定能达到最大压实干密度的松铺厚度、压实机械型号及组合、压实速度、压实遍数、沉降差等参数。

③碾压前应使大粒径石料均匀分散在填料中，石料间孔隙应填充小粒径石料、土和石渣。

④压实后透水性差异大的土石混合材料，应分层或分段填筑，不宜纵向分幅填筑；如确需纵向分幅填筑，则应将压实后渗水良好的土石混合材料填筑于路堤两侧。

⑤土石混合材料来自不同料场，其岩性或土石比例相差较大时，宜分层或分段填筑。

⑥填料由土石混合材料变换为其他填料时，土石混合材料最后一层的压实

厚度应小于 300 mm，该层填料最大粒径宜小于 150 mm，压实后，该层表面应无孔洞。

⑦用中硬、硬质石料填筑的土石路堤，应进行边坡码砌。码砌边坡的石料强度、尺寸及码砌厚度应符合设计要求。边坡码砌与路堤填筑宜基本同步。软质石料土石路堤的边坡按土质路堤边坡处理。

⑧用中硬、硬质石料填筑土石路堤时，施工过程中的每一压实层，可用试验路段确定的工艺流程和工艺参数控制压实过程；用试验路段确定的沉降差指标，检测压实质量。其路基成型后质量应符合填石的规定。

⑨用软质石料填筑的土石路堤，应符合土质路堤的相关规定。

（四）高路堤施工技术

路基填土边坡高度大于 20 m 的路堤称为高路堤。高路堤填料宜优先采用强度高、水稳性好的材料，或采用轻质材料。受水淹、浸的部分，应采用水稳性和透水性均好的材料。

高路堤应采用分层填筑、分层压实的方法施工，每层填筑厚度根据所采用的填料确定。如果填料来源不同，性质相差较大，则不应分段或纵向分幅填筑。在施工中应按设计要求预留路堤高度与宽度，并进行动态监控；宜进行沉降观测，按照设计要求控制填筑速率。高填方路堤宜优先安排施工。

（五）粉煤灰路堤施工技术

粉煤灰路堤可用于高速公路。凡是电厂排放的硅铝型低铝粉煤灰都可作为路堤填料。由于粉煤灰是轻质材料，使用粉煤灰可减轻土体结构自重，减少软土路堤沉降，提高土体抗剪强度。

粉煤灰路堤一般由路堤主体部分、护坡和封顶层以及隔离层、排水系统等组成，其施工步骤与土质路堤施工方法相类似，仅增加了包边土和设置边坡盲沟等工序。

第四章　路基防护与加固施工

第一节　路基防护与加固的原则及内容

公路常年暴露于自然环境中，受到各种自然条件的影响，如气候变化、水流冲刷等，使路基发生各种病害，而路基防护与加固工程就是防治路基病害、保证路基稳定、改善环境景观和保持生态平衡的重要举措，因此路基防护与加固工程虽不属于路基主体工程，却是必不可少的辅助工程，是路基工程的重要组成部分。

一、路基防护与加固的原则

（一）因地制宜原则

因地制宜，就是要结合实际地形、地质条件，确定路基防护与加固的方法。过高的防护与加固标准将会增加工程造价，过低的防护与加固标准则又达不到防护与加固的目的。因而，结合实际情况制定出适宜的防护与加固措施是非常必要的。

（二）就地取材原则

就地取材，就是尽量利用当地材料，就地采集，就地利用，以节省运输费用，降低工程造价。例如：在适合植物生长的土质路段边坡，应优先选用植物防护；在石料丰富的地区则应尽量利用石料砌筑。

（三）经济适用原则

经济适用，就是要力求节省工程费用和其他开支，既要少花钱、多办事，又要经济耐用且养护工作量最小。对于群众在长期实践中总结出来的防护与加固工程措施，应该认真调查总结并进一步提高其应用水平；对于既符合技术政策和经济适用原则，又已通过评审鉴定的新技术，应结合工程特点，积极组织应用。

（四）照顾景观原则

照顾景观，就是不仅要能保护路基，而且应当力求适合当地环境，使其更加美观。虽然修建公路对其周围经济发展起到了巨大的促进作用，但对环境也造成了一定的破坏。所以，应当尽可能选择符合环保要求并与周围景观相协调的防护与加固措施，以弥补对生态环境造成的损害。

二、路基防护与加固的内容

（一）坡面防护

坡面防护主要是保护路基边坡表面免受雨水冲刷，减少温差及湿度变化的影响，延缓软弱岩土表面的风化碎裂、剥蚀演变进程，从而保护路基边坡的整体稳定性，在一定程度上还可兼顾美化路基和协调自然环境。坡面防护设施不承受外力作用，必须要求坡面岩土整体稳定牢固。简易防护的边坡高度与坡度不宜过大，土质边坡坡度一般不陡于 1∶1～1∶1.5。地面水的径流速度以不超过 2.0 m/s 为宜，水亦不宜集中汇流。雨水集中或汇水面积较大时，应有排水设施相配合，如在挖方边坡顶部设截水沟，在高填方的路肩边缘设拦水埂等。

常用的坡面防护设施有植物防护（种草、铺草皮、植树等）和工程防护（抹面、喷浆、勾缝、石砌护面等）。前者可视为有“生命”（成活）防护，后者属于无机物防护。有“生命”防护以土质边坡为主，无机物防护以石质路堑边坡为主。在一定程度上，有“生命”防护在稳定边坡和改善路容方面优于无机物防护。

（二）堤岸防护与加固

这里的堤岸主要包括沿河滨海路堤、河滩路堤及水泽区路堤，亦包括路基边的防护堤岸等。此类堤岸常年或季节性浸水，受流水冲刷、拍击和淘洗，造成路基浸湿、坡脚淘空，或水位骤降时路基内细粒填料流失，致使路基失稳、边坡崩塌。所以，堤岸防护与加固主要针对水流的破坏作用而设，起防水治害和加固堤岸双重功效。堤岸防护与加固设施，有直接和间接两类。直接防护与加固设施包括植物防护设施与石砌防护和加固设施（如石笼等）两种。间接防护与加固设施主要指导流结构物，如丁坝、顺坝、防洪堤、拦水坝等。导流结构物可以起到疏浚河床、改变河道的作用，目的是避免或缓和水流对路基的直接破坏作用。改变水流流速、流向，可能导致堤岸对面及路基附近上下游遭害，必须慎重对待，掌握水流运动规律，因势利导，防治结合，综合治理。

（三）湿软地基加固

湿软地基的承载能力较差，如泥沼与软土、低洼的湖（海）相沉积土层、人为垃圾、杂填土等，填筑路基前必须予以加固，以防路基沉陷、滑移或产生其他病害。湿软地基加固，规模大、造价高，应注意方案比较，研究技术和经济方面的可行性，力求从简，尽量就地取材。

湿软地基加固是路基主体工程的一部分，要结合路基设计（即确定路基标高、选择横断面、确定设施等）综合处治。

在湿软地区修筑路基时，地基加固关键在于治水和固结。常见的加固方法包括换填土、碾压夯实、排水固结、振动挤密、土工格栅加筋和化学加固等。土工格栅加筋是利用化纤材料织成网格，铺在软弱地基或填土层中，能收到良好效果。

湿软地基的加固可采用强力夯实法，利用重锤的强大冲击力，以达到地基排水固结、提高承载能力的目的。

第二节　坡面防护施工

一、工艺特点

施工工艺较简单，使用材料较普遍；坡面防护设施不承受外力作用，坡面岩土整体稳定。

二、适用范围

坡面防护适用于边坡稳定的路基防护，坡度范围 1∶0.5～1∶1.5。混凝土预制块护坡多用在路堤边坡；连片的及带窗孔的护面墙，用于路堑边坡。由于石砌圬工及混凝土防护存在造价高、易破损等诸多问题，从保护环境的角度出发，建议大力推广既能改善生态环境、美化景观，又一劳永逸的种草防护。

三、施工准备

施工前用全站仪和水平仪精确放线定位，边坡土及护脚、基坑采用机械与人工配合开挖。

在施工范围内，按设计坡率修整边坡，将坡面树桩、有机质或废物清除，坡面局部凹陷的地方，应夯实整平，以免遭水浸害，砌筑之前必须将基面或坡面夯实平整。

四、具体施工工艺分析

（一）三维植被网防护

1.适用范围

适用于沙性土、土夹石及风化岩石，且坡率缓于 1∶0.75 的边坡防护。

2.施工准备

施工前，备好经检测符合设计要求的土工网垫、黏性土壤、竹钉等。

3.操作要点

①坡面平整。将预铺网垫的坡面用人工平整夯实达到设计要求。

②铺种植土。在平整好的坡面上铺种植土，土壤厚度可视土壤类型及坡面平整度作适当调整。

③铺土工网垫。把网垫铺设在坡面上，其搭接宽度不得小于 0.2 m，然后用竹钉沿网垫四周以 1.0 m 间距固定，路堤固土网垫伸入护肩不小于 0.6 m;

路堤坡脚处埋入地面以下不小于 0.4 m，坡脚有脚墙段埋入脚墙内侧 0.6 m 范围内，路堑堑顶外 1.0 m 设三角形封闭槽，槽深 0.4 m，固土网垫埋入封闭槽底，堑底同路堤坡脚设置。

④撒草籽。网垫铺设完后，首先在网垫上撒厚约 1 cm 粉细砂，然后撒种草籽，再撒厚 1 cm 左右粉细砂并拍实，最后浇水养护。

⑤场地清理。施工完成后进行场地清理工作，做到工完料尽，场地整洁，文明施工。

⑥定期浇水养护。

（二）骨架植物防护

1.适用范围

骨架植物防护包括浆砌片石或水泥混凝土骨架植草防护、多边形水泥混凝土空心块植物防护，适用于坡率缓于 1∶0.75 的土质和全风化岩石边坡，当坡面受雨水冲刷严重或潮湿时，坡率应缓于 1∶1。

2.施工准备

①施工前先清理施工场地，修整边坡使砌筑地带的标高和边坡坡度符合设计要求，然后按图纸所示的尺寸进行骨架挖槽施工放样。

②检查砌筑地带的标高和边坡坡度是否符合设计要求。

③根据设计尺寸在预制场内进行混凝土预制块的集中预制。

3.操作要点

①边坡开挖。根据设计坡度进行边坡骨架基槽挂线开挖，坡面清刷后拍打密实、平整。

②混凝土预制块砌筑。经检查砌筑地带的标高和边坡坡度符合设计要求后，即可进行混凝土预制块砌筑。混凝土预制块砌筑要求整齐、顺直、无凹凸不平现象。

③混凝土预制块自下而上挂线砌筑，保证坡面平顺，并交错嵌紧，砌体每

隔 10～15 m 设置沉降缝一道，并在设计位置预留泄水孔。

④骨架形成后，应及时铺草皮或播种草种。

⑤养生。经必要的养生后，将砌筑材料的残留物清除干净，同时不得损坏已成的网格，如有松动或脱落之处，则必须及时修整。

（三）砌筑圬工防护

1.适用范围

浆砌片石护坡适用于坡度缓于 1∶1 的易风化岩石和土质路堑边坡；水泥混凝土预制块护坡适用于石料缺乏的路基边坡防护；护面墙适用于易风化或风化严重的软质岩石的挖方边坡以及坡面易受侵蚀的土质边坡，边坡不陡于 1∶0.5。

2.施工准备

①砌体砌筑前先行测量放样、立杆挂线，确保线形顺直，砌体平整。

②清除边坡松动岩石，将边坡上的凹陷部分挖成台阶，以便施工时用同标号的圬工砌补。

3.操作要点

①分段跳槽开挖基坑，开挖的断面尺寸符合设计要求，并报监理工程师检查合格后，方可进行基础砌筑。

②砌筑基础、坡面时，均采用人工挤浆法操作，拌制水泥砂浆严格按照施工配合比配料。

③砌筑基础的第一层砌块时，如基底为土质，则可在夯填密实后，直接坐浆砌筑；如基底为岩层，则必须将其表面湿润后再坐浆砌筑。

④每隔 2～3 m，上下左右交错设置泄水孔，孔径 0.1 m，墙身沿线路方向每隔 10～15 m 设沉降缝，缝宽 2 cm。护坡下设砂砾垫层，顶部应用原土夯填，以免水流冲刷。

五、安全及环保措施

第一，认真检查和处理坡面上的危石，必须彻底清除。

第二，在施工中加强技术管理，合理安排施工程序，开挖后及时支护，减少对开挖坡面附近岩石的扰动，保证边坡的安全。

第三，边坡搭设脚手架牢固，操作人员系安全绳，戴安全帽。

第四，搭设施工台架时，一定要安设栏杆及防护网，以避免边坡上出现落石等危险情况。

第五，护面墙砌体应自下而上逐层砌筑，直到墙顶。当砌筑多级墙时，上墙边坡清刷完后，可先砌上墙，有利于保证施工的进度。

第六，在施工中要对作业人员进行宣传教育，使其树立环保意识，做到文明施工。严格遵守《中华人民共和国环境保护法》《中华人民共和国水土保持法》等有关法律，接受地方环保部门的监督、检查。施工废弃物要及时回收并集中处理。

第七，加强与当地气象部门、水文部门的联系，及时掌握气候情况及水文情况，做好防护、抗灾准备。

第三节　路基边坡防护施工

路基防护作为保证路基稳定性的重要措施，在道路工程中具有重要的意义。在路基防护施工中，应严格按照路基的设计标准进行施工，针对当地的气候条件特点，能就地取材的尽量做到就地取材，减少工程的成本，对路基防护材料的选择要综合考虑，不能为了节约成本而在防护上进行缩减，这样对后期的养护是十分不利的。

对路基进行防护施工时，要根据不同地质情况进行综合设计，首先要考虑好路面的排水问题，然后再综合相关因素进行施工，这样才能保证施工的质量，达到施工的目标。

在路基工程的土石方工程结束后，应针对不良的地质环境及时进行边坡防护，做好具体的防护措施，以防因防护不及时而造成边坡的塌陷。

一、路基边坡的破坏

路基边坡的破坏主要表现为边坡坡面及坡脚的冲刷。坡面冲刷主要来自大气降水对边坡的直接冲刷和坡面径流的冲刷，路基边坡沿坡面流水方向形成冲沟，冲沟不断发展最终导致边坡破坏，进一步造成路面塌陷，直接影响了行车的安全。沿河路堤及修筑在河滩上滞洪区内的路堤，还会受到洪水的威胁，这种威胁表现为直接冲毁路堤坡脚，导致边坡破坏。边坡破坏还与路基填料的性质、路基高度、路基压实度有关。一般来说，砂性土路基边坡较黏性土边坡易于遭受冲刷而破坏；较高的路基边坡比较低的路基边坡更容易遭受坡面流水冲刷；压实度较好的边坡比压实度差的边坡更耐冲刷。冲刷破坏一般发生在较缓的土质边坡上，如砂性土边坡、亚黏性土边坡、黄土边坡等。因此，对土质路基来说，边坡坡脚是边坡的最薄弱环节，应加强养护。

二、路基边坡防护需注意的问题

（一）边坡稳定

要想路基边坡保持整体的稳定性，就需要采取相关措施尽量减少或减轻雨水对边坡的冲刷，对容易风化的地质环境更需要采取适当的措施防止温差过大及风化的加剧，尽量减轻风化的过程，保证边坡的完整性。

（二）环境保护

在施工时制定严格的环境保护措施，尽量使施工时对环境的损害减到最低。施工完成后对周边环境要进行恢复，在对边坡进行设计时，要尽量做到与自然环境的融合，使边坡的防护与自然环境相互协调。

（三）综合效应

边坡的绿化可以形成一幅美丽的自然景观画，这样不仅起到防护作用，还有欣赏价值，产生了综合效应，有利于减轻司机行车过程中的视觉疲劳。

三、路基边坡防护措施

（一）植物防护

利用植被的覆盖作用可以对边坡路基进行有效的保护，铺草皮、种草或是种植灌木是植物防护的最佳选择。当公路遇到大雨或是遇到地表径流冲刷时，植被强大的根系在地底相互交错，根系之间连结密切，根系与土壤之间又形成了强大的稳定层，从而可以尽可能地保护路基边坡免受侵蚀，减缓地表径流的流速，最大限度地保证路基边坡的稳固性。在选择植物类型的同时还应考虑实际的施工状况，综合考虑气候、含水量等多方面因素，最大限度地确保植物具备充足的活力来保护路基边坡。另外，在边坡路基施工中，植物还能起到良好的美化环境的作用。例如，铺设草皮就有很严格的要求，在铺设过程中要求草皮的厚度保持在 10 cm 左右，草皮的规模要根据实际的施工效果来确定，草皮的形状以及铺设形式可以根据美化效果灵活选用。种草防护区别于草皮防护，种草防护的应用应当根据实际的路基形式来确定。路基边坡冲刷效果小的路基，在种植过程中要求草籽撒在土质坡面上，然后通过长期养护逐渐形成；路堑较陡的路基，要求草籽与泥浆撒在坡面上。种植灌木应用范围较为狭窄，主要适用于土质边坡。目前，路基边坡种植灌木在高速公路和一级公路是明令禁止的。

（二）工程防护

在植被不易成活的岩石表面，一般选用工程措施进行防护。工程防护的形式一般分为框格、抹面和捶面、喷浆、护面墙、护坡等。

框格一般选用混凝土等材料，其工程原理就是通过混凝土形成的骨架加大边坡的摩擦力，降低水流的流速。框格一方面起到了工程防护的作用，另一方面也对路面美化有一定的效果。通过混凝土的可塑性可将框格设计成六角形混凝土块、浆砌片石拱形以及浆砌片石等不同的形状。需要提到的一点是，框格施工前要清除各种表面杂质，施工在镶槽中进行，施工具有一定的难度，因此为起到美化效果，只在某些特殊旅游景点进行框格施工。

抹面和捶面防护是目前较为少用的防护措施，一般在路基较低、坡面易风化的情况下使用，抹面防护通过掺杂草籽，弥补边坡岩石的裂缝，阻止水流的侵蚀，从而防止边坡的坍塌。抹面和捶面防护可以起到很好的防护和美化作用，其缺点是使用寿命较短。

喷浆防护可以防止水泥的硬化收缩，使用金属网或是土工格栅通过喷浆固定，从而起到防护的效果。

护面墙防护可以保证软质岩层、破碎的挖方边坡、侵蚀严重的土质边坡不会继续受大气的侵蚀，目前在路基防护中使用较为普遍。护面墙具体可以分为实体护面墙、窗孔护面墙及拱式护面墙三种。三种护面墙的使用条件有本质的区别：实体护面墙在土质以及岩石边坡的防护中使用较为普遍；窗孔护面墙对1∶0.75的边坡有较好的防护作用；在上部边坡需要防护的边坡中一般采用拱式护面墙。在修筑护面墙前应适当清理，其顶部应该用砂浆抹面或者原土夯填，以防止边坡的水流冲刷渗透到护面墙而破坏护面墙。

护坡防护通过浆铺或干铺各种石质材料来减轻水流对坡面的冲刷。在软土地基的防护中一般采用干砌片护坡，干砌片护坡可以最大限度地避免路基的变形。

（三）冲刷防护

路基冲刷防护分为直接防护与间接防护两种，其中最为重要的是直接防护。直接防护多用于沿河路基边坡的冲刷防护，主要的防护措施有抛石等。抛石多用在经常浸水并且水较深的边坡防护中，通常用于抢修工程。

（四）支挡防护

通常，支挡构造物均用于支挡路基本身或防止路基变形，以确保路基的稳定，而较为主要的支挡构造物有挡土墙、垄石、垒石与石垛等有承重作用的构造物。其中，挡土墙为主要的支挡防护形式。圬工防护存在着与周围环境不协调、道路景观差的问题，应尽量少用；使用时应注意与边坡渗沟或仰斜排水孔等配合使用，防止边坡产生变形破坏。

第四节　挡土墙施工

一、工艺流程

施工准备→测量放样→基坑开挖→报检复核→砌筑基础→基坑回填→安设沥青麻絮沉降缝→选修面石拌砂浆→砌筑墙身→填筑反滤层回填土→清理

勾缝。

二、施工方法

（一）施工准备

施工前，平整场地，为片石及周转材料的运输、堆放准备好场地。清除挡土墙用地范围内的树桩、杂草、垃圾等所有障碍物，在基槽周围挖设排水沟，排除地表水。

（二）测量放样

测量放线，定出桩位中心线及开挖边界线。由施工队埋设护桩。

（三）基槽开挖

挡土墙基槽开挖时机械不得碰撞旋喷桩和破坏复合地基，坐落在原状土层中的挡土墙不得扰动基底原状土。如有超挖，则应按施工规范要求或监理工程师批准的方法处理，并按道路压实度标准夯实。

确保基槽边坡稳定，防止塌方。

做好排降水设施，保持基底干槽施工。

（四）挡墙土砌筑

砌块在使用前必须浇水湿润，如表面有泥土、水锈，则应清洗干净。砌筑时，先铺底浆，再放石块（先将石块的尖锐部分敲去），经左右轻轻揉动几下后，再轻击石块，使灰缝砂浆被压实。在已砌筑好的石块侧面安砌时，在相邻侧面先抹砂浆，后砌石，并向下及侧面用力挤压砂浆，使灰缝挤实，砌体被贴紧。

以分段分层进行为原则。底层极为重要，它是以上各层的基石，若底层质量不符合要求，则会影响以上各层。较长的砌体除分层外，还要分段砌筑，两个相邻段的砌筑高差不应超过 1.2 m，分段处设置在沉降缝或伸缩缝的位置。分层砌筑时，先砌角石，后砌边石或面石，最后才填腹石。

护坡砌体自下而上逐层砌筑，其泄水孔、砂砾垫层同步进行。泄水孔可预留孔洞或埋设铁管，反滤层在砌高一层后，即填筑一层，在进行耳墙砌筑之前应当先清理边坡。砌筑要求砂浆饱满、密实，其内不得填碎石，应填以块石，以保证其强度。砌体表面平整，砌缝完好、无开裂现象，勾缝平顺、无脱落现象。

（五）沉降缝及泄水孔设置

沉降缝、泄水孔的位置、质量和数量应符合设计要求。泄水孔采用梅花阵布置。挡土墙的伸缩缝和沉降缝宽 3 cm（施工时缝内夹 3 cm 厚的泡沫板或木板，施工完后抽出泡沫板或木板），从墙顶到基底沿墙的内、外、顶三侧填塞沥青麻丝，厚 100～200 cm。挡土墙背泄水孔入口处采用碎石层进行过滤，以免泄水孔堵塞，影响排水。泄水孔坡度向外，无堵塞现象；沉降缝整齐垂直，上下贯通。挡土墙泄水孔为 ϕ100 mm PVC 管，泄水孔进口周围铺设 50 cm×50 cm×50 cm 的碎砾石，碎砾石外包土工布，下排泄水孔进口的底部铺设 50 cm×50 cm×50 cm 的黏土层并夯实。

（六）勾缝

墙面勾缝采用 M7.5 水泥砂浆勾带子缝。

（七）挡土墙压顶施工

1.挡土墙压顶模板

①支安模板必须牢固，不得松动、跑模。

②模板拼缝严密不漏浆，模内保持清洁。

③模板隔离剂涂刷均匀，不得污染钢筋。

2.挡土墙压顶钢筋成型

①钢筋表面应洁净，不得有锈皮、油渍、油漆等污垢。

②钢筋必须调直，调直后的钢筋表面不得有使钢筋截面积减小的伤痕。

③钢筋弯曲成型后，表面不得有裂纹、鳞落或断裂等现象。

④钢筋的品种、等级、规格、直径、各部分尺寸经抽样检验均应符合设计要求。

⑤绑扎成型时，绑丝必须扎紧，不得有松动、折断、位移等情况；绑丝头必须弯曲背向模板；焊接成型时，焊前不得有水锈、油渍；焊缝处不得咬肉、夹渣，焊药皮应敲除干净；绑扎或焊接成型的网片或骨架必须稳定牢固，在浇注混凝土时钢筋不得松动和变形。

3.浇注挡土墙混凝土

①混凝土配合比应符合设计强度要求。

②混凝土要振捣密实，以防露筋和出现蜂窝孔洞；初凝后要及时养生。

③预埋件按设计位置与基础钢筋焊牢，以免振捣混凝土时发生变形和位移。

三、施工注意事项

①施工前做好地面排水和安全生产的准备工作。

②挡土墙施工时，基底土体的容许承压应力必须满足设计要求。

③挡土墙一般应安排在旱季施工，施工时应严格按照设计图及有关施工技术规范进行放样，以确保施工断面符合设计要求。

④挡土墙基坑开挖的位置、深度及基底尺寸均应符合设计图的要求。当基坑开挖至设计标高后，如地基承载力与设计图的要求不符，或者地基承载力虽然满足设计要求，但地基土为粉土、黏土、易软化的软质岩（泥质砂岩、泥质

页岩、黏土岩及泥灰岩等），则应根据开挖后实际的地质、水文情况，采取加深基础埋置深度、换填砂砾垫层及砂桩加固等措施。

⑤挡土墙墙基开挖应采取开槽的方法，不得将墙趾外原地面挖成平台，以保证基础嵌入原状岩层或土层；开挖至接近基底标高时应保留 10～20 cm 厚的土，在基础施工前突击开挖，并修凿平整，经监理工程师验基后，立即砌筑基础。

⑥注意泄水孔和排水反滤层的施工操作，保持排水通畅。

⑦挡土墙及基础施工完毕后，应及时进行基坑回填夯实。墙趾部分的基坑回填，应做成外倾斜坡。对于土质地基，应将基坑用黏性土回填夯实，以免积水下渗软化墙基。

⑧砌筑的砂浆及混凝土的配合比应通过试验确定，施工时应按确定的配合比选用组成材料，要求采用机械拌和并按规定检查砂浆及混凝土的标号；挡土墙砌筑应严格按有关施工技术规范要求执行，加强养生，以确保工程质量。

⑨应根据地形及地质变化情况设置沉降缝，一般每隔 10～15 m 设置一道沉降缝，缝宽 2～3 cm，缝内沿顶、内、外三边填塞沥青麻絮，其深度不小于 15 cm。当必须布设小于 10 m 长度段的挡土墙时，则需在其墙后填筑透水性良好、内摩擦角大于 40° 的填料，并且挡土墙长度段不得小于 4 m。

⑩为保证挡土墙在施工中自身的稳定，当挡土墙强度达到设计强度的 70%时，必须进行墙背回填，墙背填料应采用透水性和级配良好的砂卵石或碎石类土分层夯填，分层厚度不大于 0.3 m，压实度应达到 95%以上。墙背填料也可采用不易风化的石块分层填筑，要求每层面铺平后，用小石块将空隙塞实，然后才能填第二层。填筑时应注意墙身不要受到夯击的影响，墙身仰斜且较高时，可视施工条件沿墙高分段进行砌筑回填。

⑪挡土墙工程的勾缝抹面要严格养生，保证砂浆成型温度，以保护砌体工程。

第五节　边坡锚固防护施工

一、一般要求

①对于破碎且不平整的边坡，必须将松散的浮石和岩渣清除，用浆砌片石填补空洞，对坡面缝隙进行封闭处理。边坡在修整后应平整、密实。

②在边坡开挖和钻孔过程中，应对岩性及构造进行编录和综合分析。分析结果与设计相比出入较大时，应报监理工程师审批。

③修整边坡的弃渣应按有关规定堆放，不得污染环境。

④浇筑混凝土时，模板应加支撑固定。

二、锚杆框架施工

（一）锚杆框架施工工序

坡面清理→施工测量（锚孔、框架定位）→钻锚杆孔、清孔→安装锚杆→锚孔灌浆→框架梁槽开挖→钢筋绑扎、混凝土浇注→锚固→锚头处理。

（二）施工要点

①锚孔位置及框架精确定位，并挖出竖梁、横梁肋轮廓，坡面必须刻槽，深度满足设计要求。

②锚孔钻进应采用无水干钻，以防因钻孔施工使坡体地质条件恶化。

③在钻孔过程中，应有专人负责详细记录地质情况及钻进情况，如与设计不符，则须立即停钻并及时反馈、采取措施。

④钻孔结束后用高压风进行清孔，孔壁不得有黏土或粉砂。

⑤框架模板拼装要平整、严密，净空尺寸要准确，符合设计要求。模板表面应刷隔离剂，便于脱模。浇注混凝土时，模板应加支撑固定。

⑥框架应分片施工，每片由 2～3 根立柱及其横梁、顶梁组成。相邻框架接触处应预留 2 cm 宽的伸缩缝，用与框架端头尺寸一致的浸沥青木板填塞。

（三）质量控制要点和监理要点

①孔位、孔径和倾角等符合设计要求。孔距允许偏差±50 mm，孔口高程允许偏差±100 mm。

②锚杆框架外观顺直、美观、无麻面，混凝土强度符合设计要求。

③钢筋制作与安装符合《公路桥涵施工技术规范》（JTG/T 3650—2020）的规定。

④检查施工记录，查锚杆轴线误差±3°。

⑤检测锚索（杆）拉拔力和长度。

三、预应力锚索（锚杆）

（一）施工工序

场地整理、搭设工作平台→测量定位→安装钻机→成孔→清孔并风干钻孔→制作与安装锚索（杆）→锚固段注浆→高压劈裂注浆→浇注混凝土梁垫墩→安装锚具→张拉定位→检验→自由段封孔注浆→封锚→拆除施工平台。

（二）施工要点

1.施工前准备

①设计锚固工程坡面，开挖成形，并经验收合格。

②施工作业前，应进行预应力锚索（杆）的基本试验，确定锚固参数后，方可进行施工作业。

2.测量放样

将锚孔位置准确测放在边坡上，并设置明显的标识。

3.造孔

①根据锚固地层类型、孔径、深度及施工场地等条件选择钻孔设备。严禁采用地质钻机成孔；在易于塌缩或卡钻、埋钻的地层中，应采用跟管钻进技术。

②钻机就位：钻机就位纵横误差±50 mm，高程误差±100 mm，钻孔倾角误差≤0.5°，方位误差±1.0°。

③钻孔钻进应采用无水干孔，防止因钻孔施工导致坡体地质条件恶化。

④在钻进过程中，应对地质变化、钻进状态（钻压、钻速）、地下水等做好现场记录。

⑤钻进达到设计深度之后，必须稳钻 1～2 min。钻孔完成后，原则上要求使用高压空气（0.2～0.4 MPa）将孔内岩粉及水体等全部清出孔外。

⑥可使用钻孔测斜仪控制和检测钻孔倾角等。

4.锚索（杆）制作与安装

①锚筋体组装必须搭设高度不低于 50 cm 的组装平台。

②锚杆接头采用专用锚杆连接接头，不得采用焊接技术。锚杆体钢筋应平直，无油污和锈蚀，自由段按设计要求套塑料套管，与锚固段连接处应用铅丝绑扎牢固，并进行防腐处理。

③锚索应编束，钢绞线采用机械切割，严禁采用电弧切割，表面无油污、无锈蚀、无弯折，并严格进行防腐处理。

④锚索体完成隔离架与紧固环的组装后，应在其底端接装导向帽。导向帽尺寸误差±5 mm，接装定位误差±20 mm，采用铁丝绑扎牢固，不宜采用焊接方式。

⑤当采用二次补充注浆的锚筋体组装时，应同时安装二次注浆管和止浆密

闭装置；当采用高压劈裂注浆时，要以浆体强度控制开始劈注时间（一次浆体强度为 5 MPa），二次注浆管的锚固段应设花孔和封塞。

⑥压力分散型（拉压复合型）锚索锚固段钢质承载板与挤压套之间要求采用对拉栓接固定，所有钢质材料外露部分表面要涂刷防锈漆加以保护。挤压套要进行现场挤压抽样试验，抽样频率一般为 3%～5%。各单元锚索应做好明显牢固的标记，以便采用差异分步张拉。

⑦严格按照设计要求进行锚筋体自由段的防腐与隔离，防腐宜采用无黏结预应力筋和压力分散型锚头等技术，以提高自由段的防腐等级和改善锚固段的工作状态。

⑧锚筋体长度要求如下：锚固段长度制作允许误差为±50 mm，自由段长度除应满足设计要求外，还应充分考虑张拉设备和施工工艺的要求，一般预留超长 1.0～1.5 m。

5.注浆

①锚孔造孔完成后，应及时安装锚固体，并进行注浆，原则上不得超过 24 h。

②应根据注浆材料、注浆方式和注浆压力，结合实际锚固地层情况，综合确定选用相应的注浆设备。

③宜采用普通硅酸盐水泥，不得使用高铝水泥。细集料应选用粒径小于 2 mm 的中砂；含泥量不得大于 3%。除二次高压注浆（劈裂注浆）和自由段二次注浆（补充注浆）外，一般不宜采用膨胀剂。

④注浆时浆液应搅拌均匀，随搅随用，并应在浆液初凝前完成注浆。注浆体强度不应低于 20 MPa。

⑤一般宜采用孔底翻浆方式注浆，直至锚孔孔口溢出浆液或排气管停止排气时，方可停止注浆。

⑥注浆时应做好注浆记录。

⑦一次常压注浆一般采用全段一次性注浆；二次补充注浆适用于一次常压

锚固段注浆的情况，即在预应力张拉锁定工序完成后，对锚固体自由段补充充填注浆；根据设计要求，为提高锚固段的抗拔能力，宜采用二次高压注浆（劈裂注浆）。

6.张拉锁定与封锚

①锚筋张拉时，锚斜托台的承压面应平整，并与锚筋的轴线方向垂直。

②锚具安装应与锚垫板和千斤顶密贴对中，千斤顶轴线与锚孔及锚筋体轴线在同一直线上，不得弯压或偏折锚头，确保承载均匀同轴，必要时可用钢质垫片调整。

③锚固体与台座混凝土强度均达到设计强度的80%以上时，方可进行张拉。

④锚筋正式张拉之前，应取设计张拉力值的 10%～20%对锚筋进行 1～2 次预张拉，以确保锚固体各部分接触密贴，锚筋体顺布平直。

⑤永久锚筋张拉控制应力不应超过其极限应力值的60%，临时锚筋张拉控制应力不应超过其极限应力值的65%。

⑥严格按照设计要求进行张拉作业。锚筋张拉至设定最大张拉荷载值之后，应持荷 10～15 min，然后卸荷锁定。若发现明显的预应力损失，则应及时进行补偿张拉。

⑦锚筋锁定后，用机械切割余露锚筋，严禁使用电弧切割，并应留长 5～10 cm 外露锚筋，以防拽滑。用水泥净浆注满锚垫板及锚头各部分空隙，用防锈漆涂刷，并按设计要求进行封锚处理，封锚混凝土强度不低于 20 MPa。

（三）质量控制要点和监理要点

①检验各种材料、锚固用构配件等。

②孔位（坡面纵横误差±50 mm、孔口高程）、钻孔倾角、水平方向角（孔轴线倾角、孔轴线方位、孔底偏斜在钻孔深度的 3%）、孔径（设计孔径的＋5%，0）、孔深（大于设计深度 200～500 mm）、锚孔清理。

③锚杆外观质量、连接的牢固程度、防腐处理情况。

④锚索外观质量，制作尺寸，防腐处理情况，编号；导向帽制作尺寸、接装定位、绑接情况。

⑤注浆情况及注浆体强度。

⑥锚固体与台座混凝土强度，外露部分防腐处理情况及封锚。

⑦注浆和张拉应执行监理旁站制度。

第五章　桥梁上部结构与桥面系工程施工技术

第一节　桥梁上部结构施工技术

一、桥梁上部结构装配式施工技术

（一）先张法预制梁板

1.台座

台座是先张法施工的主要设备之一，承受预应力钢筋的全部张拉力，它应有足够的强度和稳定性，以免台座变形、倾覆、滑移而引起预应力损失。台座由一个框架（两根固定横梁和两根受压柱构成）和两根活动横梁组成，固定和活动横梁间设置千斤顶，预应力钢筋两端用工具锚固在活动横梁的锚固板上。千斤顶顶起活动横梁，使预应力筋受张拉。全部张拉力由框架承受。受压柱的承压形式可为中心受压或偏心受压，一般采用偏心受压。前者省料但作业不方便，后者则相反。

2.模板工程

预制梁的模板是施工过程中的临时结构，它不仅关系到预制梁尺寸的精度，而且对工程质量、施工进度和工程造价有直接的影响。

预制梁的模板通常按材料分类，有钢模板、木模板、土木组合模板、土模板以及钢木组合模板等数种。预制工厂常采用钢模板和钢木组合模板。

在制作模板时，应保证表面平整，转角光滑，连接孔配合准确。对于钢模板要考虑焊缝收缩对长度的影响，对于木模板要在构造上采取措施以防漏浆。模板的组装可在工作平台上进行，底模在制作时需考虑预制梁的预拱度。

模板的安装应与钢筋工作配合进行，在底模整平以及钢筋骨架安装后安装侧模板和端模板，也可先安装端模板，后安装侧模板。模板安装的精度要求要高于预制梁。每次模板安装完成，须通过验收合格后，方可进入下一道工序。

模板分为底模、侧模、端模和内模。底模支承在底座上或设置在流水台车上，可用 12～16 mm 厚的钢板制成。将先张台座的混凝土底板作为预制构件的底模，要求地基不产生非均匀沉陷。底板制作必须平整光滑、排水畅通，预应力筋放松，梁体中段拱起，两端压力增大，梁位端部的底模应满足强度要求和重复使用的要求。在底模构造上，应注意设置底模与侧模、底模与端模以及底模接长的联系构件。此外，还应在底模与台座之间设置减振垫。

侧模由侧板、水平加劲肋、斜撑等构件组成。钢侧模一般采用 4～8 mm 厚钢板、50～100 加劲角钢。在侧模构造上，应考虑悬挂振捣器的构件，要加强侧模间的连接构造，并需设置拆模板的设施。采用先张法制作预应力板梁时，预应力钢筋放松后板梁压缩量为 1‰左右。为保证梁体外形尺寸准确，侧模尺寸要增加 1‰。

端模设置在梁的两端，安装时连接在侧模上，用于形成梁端形状。端模预应力筋孔的位置要准确，安装后与定位板上对应的力筋孔要求均在一条中心线上。由于实际施工中存在偏差，力筋张拉时的筋位有移动，制作时端模力筋孔径可按力筋直径扩大 2～4 mm，力筋孔水平向还可做成椭圆形。

内模是空心截面梁、板的预制关键。其结构形式直接影响到制作是否经济、拆装是否方便、周转率高低等问题。

3.预应力筋的张拉

预应力钢筋通常采用高强钢丝、钢绞线和精轧螺纹钢筋。

在预应力混凝土预制梁制造过程中，张拉预应力筋、对梁施加预应力是一项十分重要的工作。

施加预应力过多或不足都会影响梁的预制质量，必须按设计要求，准确地施加预应力。

先张法梁的预应力筋是在底模整理后，在台座上张拉已加工好的预应力筋。先张法梁通常一端张拉，另一端在张拉前要设置好固定装置或安放好预应力筋的放松装置。张拉前，应先在端横梁上安装预应力筋的定位钢板，同时检查其孔位和孔径是否符合设计要求。之后在台座安装预应力筋，穿钢筋时不能刮碰掉台面上的隔离剂。安装张拉设备时，应使张拉力的作用线与钢筋中心线一致。张拉时应采用应力与伸长值双控制，如发现伸长值异常，则应停止张拉，查明原因。此外，在张拉过程中要十分重视施工安全。

为了减少张拉过程中的预应力损失，可以采用超张拉的方法。

4.预应力混凝土

混凝土工程质量好坏是决定混凝土能否达到设计强度等级的关键，将直接影响钢筋混凝土结构的强度和耐久性。

（1）预应力混凝土配料

预应力混凝土配料除符合普通混凝土有关规定外，尚应符合如下要求：

①配制高强度等级的混凝土应选择级配优良的配合比，在构件截面尺寸和配筋允许条件下，尽量采用大粒径、高强度的骨料；含砂率不超过40%，水泥用量不宜超过500 kg/m^3，最大不超过550 kg/m^3，水灰比不超过0.45，一般可采用低塑性混凝土，坍落度不大于30 mm，以减少因徐变和收缩所引起的预应力损失。

②在拌和料中可掺入适量的减水剂（塑化剂），以达到易于浇筑、早强、节约水泥的目的，其掺入量可由试验确定，也可参考经验值。拌和料不得掺入氯化钙、氯化钠等氯盐及引气剂，亦不宜掺用引气型减水剂。值得注意的是，由于混凝土掺加减水剂效果显著，目前用于建造预应力混凝土桥梁的高强度混

凝土几乎没有不掺加减水剂的，但对它的使用不能掉以轻心，使用不当将会严重影响混凝土的质量。

③水、水泥、减水剂用量应准确到±1%；骨料用量准确到±2%。

④预应力混凝土所用的一切材料，必须全面检查，各项指标均应合格。预应力混凝土选配材料总的发展趋势是提高强度、减轻自重，主要途径是采用多孔的轻质骨料。改善预应力混凝土物理力学性能的另一个重要途径是发展研制改性混凝土。

（2）预应力混凝土浇筑

混凝土浇筑前除按操作规程检查外，对先张构件还应检查台座受力、夹具、预应力筋数量、位置及张拉吨位是否符合要求等。

浇筑质量主要从两个方面来控制：一个是浇筑层的厚度与浇筑程序；另一个是良好的振捣。这两个方面互相影响。当构件较高或较厚时，为了保证混凝土能振捣密实，应采用分层浇筑法，并应在下层混凝土初凝之前，将上层混凝土浇筑并振捣完毕。T 形梁的浇筑一般采用水平层浇筑，也可采用斜层浇筑。

混凝土浇筑不得任意中断，由于技术上或组织上的原因必须中断时，中断时间应根据环境温度、水泥性能、水灰比、外加剂类型及混凝土硬化条件确定。无试验资料时，对不掺外加剂的混凝土，中断时间不宜超过 2 h；当温度 30 ℃左右时，应减少为 1.5 h；当温度低于 10 ℃时，可延长至 2.5 h。

（3）预应力混凝土振捣

预应力混凝土浇筑与振捣要密切配合，分层浇筑、分层振捣。

组织强力振捣是提高施工质量的关键。由于预制梁截面形状复杂，梁高、壁薄、钢筋密集，在浇筑梁下层或下马蹄处的混凝土时，可使用底模和侧模下排的振捣器联合振捣，并依照浇筑位置调整振捣部位。当浇筑到梁的上层或梁肋混凝土时，主要使用侧模振捣，辅以插入式振捣。待浇筑桥面混凝土时，可使用侧模上排振捣器、插入式振捣器和平板式振捣器联合振捣。

混凝土的振捣时间应严格控制。振捣时间过长，容易引起混凝土的离析现象；振捣时间过短，会导致混凝土的密实度不能达到要求。一般以振捣至混凝土不再下沉、无显著气泡上升、混凝土表面出现浮浆、表面达到平整为适度。当用附着式振捣器时，因振捣效率差，一般约需 120 s。当用插入式振捣器时，效果较好，一般只要 20～30 s。当用平板式振捣器时，在每个位置上的振捣时间为 25～40 s。

（4）预应力混凝土养护、拆模及修补

为保持混凝土硬化时所需的温度与湿度，混凝土浇筑后需进行养护。预应力混凝土梁一般采用蒸汽法养护。开始时恒温，温度应按设计规定执行，不得任意提高，以免造成不可补救的预应力损失。

拆模的施工质量好坏直接影响到预制梁的质量和模板的周转使用。不承重的侧模，在混凝土强度达到 2.5 MPa 时，可以拆除。在拆除侧模时，可用千斤顶协助脱模，为使模板单元安全脱模，常用旋转法拆模，其转动中心可设在侧模的下端或上端。承重的底面模板应在混凝土强度能承受自重和其他可能的外荷载时拆除。

拆模后，如发现混凝土有缺陷，则应进行修补。修补时应遵循以下三点：

①对有面积小、数量不多的蜂窝或露石的混凝土，先用钢丝刷或加压水洗刷基层，然后用 1∶2～1∶2.5 的水泥砂浆抹平。

②对有较大面积的蜂窝、露石和露筋的混凝土，应按其全部深度凿去薄弱层，然后用钢丝刷或加压水冲刷，再用比原混凝土强度等级高一个级别的细骨料混凝土填塞，并仔细捣实。

③对影响结构性能的缺陷，应与设计单位研究处理。

5.预应力筋的放松

当混凝土强度达到设计强度的 70%～80%以后，可在台座上放松受拉预应力筋，对预制梁施加预应力。放松过早会造成较多的预应力损失（主要是收缩、徐变损失）；放松过迟，则影响台座和模板的周转。放松操作时速度不应过快，尽量使构件受力对称均匀。只有待预应力筋被放松后才能切割每个构件端部的钢筋。

放松预应力钢筋的方法有用千斤顶放松、沙箱放松、滑楔放松和螺杆放松等，用得较多的是千斤顶放松。

采用千斤顶放松，是在混凝土达到规定强度后，再安装千斤顶重新张拉钢筋，施加的应力不应超过原有的张拉控制应力，之后将固定在横隔梁定位板前的双螺帽慢慢旋动，再将千斤顶回油，让钢筋慢慢放松，使构件均匀对称受力。当逐根放松预应力筋时，应严格按有利于梁受力的次序分阶段进行。通常自构件两侧对称地向中心放松，以免较后一根钢筋断裂时使梁承受大的水平弯曲冲击作用。

（二）后张法预制梁板

1.后张法预制梁板施工工序

第一，按施工需要规划预制场地，整平压实，完善排水系统，确保场内不积水。

第二，根据预制梁的尺寸、数量、工期，确定预制台座的数量、尺寸，台座用表面压光的梁（板）筑成，应坚固不沉陷，确保底模沉降不大于 2 mm，台座上铺钢板底模或用角钢镶边代作底模。当预制梁跨大于 20 m 时，要按规定设置反拱。

第三，根据需要及设备条件，选用塔吊或跨梁龙门吊作吊运工具，并铺设轨道。

第四，统筹规划梁（板）拌和站及水、电管路的布设安装。

第五，预制模板由钢板、型钢组焊而成，应有足够的强度、刚度和稳定性，尺寸规范、表面平整光洁、接缝紧密、不漏浆，试拼合格后，方可投入使用。

第六，在绑扎工作台上将钢筋绑扎焊接成钢筋骨架，把制孔管按坐标位置定位固定，如使用橡胶抽拔管，则要插入芯棒。

第七，用龙门吊机将钢筋骨架吊装入模，绑扎隔板钢筋，埋设预埋件，在孔道两端及最低处设置压浆孔，在最高处设排气孔，安设锚垫板后，先安装端模，再安装涂有脱模剂的钢侧模，统一紧固调整和必要的支撑后交验。

第八，将质量合格的梁（板）用专用设备运输，卸入吊斗，由龙门吊从梁的一端向另一端，水平分层，先下部捣实后再腹板、翼板，浇筑至接近另一端时改从另一端向相反方向顺序下料，在距梁端 3～4 m 处浇筑合龙，一次整体浇筑成型。当梁高跨长，或混凝土拌制跟不上浇筑进度时，可采用斜层浇筑或纵向分段，水平分层浇筑。

第九，梁（板）的振捣以紧固安装在侧模上的附着式振捣器为主，以插入式振捣器为辅。振捣时要掌握好振动的持续时间、间隔时间和钢筋密集区的振捣，力求使梁（板）达到最佳密实度而又不损伤制孔管道。

第十，梁（板）混凝土浇筑完成后要将表面抹平、拉毛，收浆后适时覆盖，洒水湿养不少于 7 d，蒸汽养护恒温不宜超过 80 ℃，也可喷洒养护剂。

第十一，使用龙门吊拆除模板，拆下的模板要顺序摆放，清除灰浆，以备再用。

第十二，构件脱模后，要标明型号、预制日期及使用方向。

第十三，将力学性能和表面质量符合设计要求的预应力钢丝或钢绞线按计算长度下料，梳理顺直，编扎成束，用人工或卷扬机或其他牵引设备穿入孔道。

第十四，当构件梁（板）达到规定强度时，安装千斤顶等张拉设备，准备张拉。

第十五，张拉使用的张拉机及油泵、锚、夹具必须符合设计要求，并配套使用，定期校验，以准确标定张拉力与压力表读数间的关系曲线。

第十六，按设计要求在两端同时对称张拉，张拉时千斤顶的作用线必须与预应力轴线重合。两端各项张拉操作必须一致。

第十七，预应力张拉采用应力控制，同时以伸长值进行校核。实际伸长值与理论伸长值之差应满足规范要求，否则要查明原因并采取补救措施。

第十八，张拉过程中的断丝、滑丝数量不得超过设计规定，否则要更换钢筋或采取补救措施。

第十九，预应力筋锚固要在张拉控制应力处于稳定状态时进行，其钢筋内缩量不得超过设计规定。

第二十，预应力筋张拉后，将孔道冲洗干净，吹除积水，尽早压注水泥浆。

2.后张法张拉时的施工要点

①对受力筋施加预应力之前，应对构件进行检验，外观尺寸应符合质量标准要求。张拉时，构件混凝土强度应符合设计要求；设计无要求时，不应低于设计强度等级值的 75%。当块体拼装构件的竖缝采用砂浆接缝时，砂浆强度不低于 15 MPa。

②对预留孔道应用通孔器或压气、压水等方法进行检查。端部预埋铁板与锚具和垫板接触处的焊渣、毛刺、混凝土残渣等应清除干净。当采用先穿束的方法时，用压气、压水较好。

③钢筋穿束前，螺丝端杆的丝扣部分应用水泥袋纸等包缠 2～3 层，并用细钢丝扎牢；在钢丝束、钢绞线束、钢筋束等穿束前，将一端找齐平，顺序编号。对于短束，用人工从一端向另一端穿束；对于较长束，应套上穿束器，由引线及牵引设备从另一端拉出。

④对于夹片式锚具，上好的夹片应齐平，并在张拉前用钢管捣实。

⑤预应力筋的张拉顺序应符合设计要求，当设计未规定时，可分批、分段对称张拉。

⑥应使用能张拉多根钢绞线或钢丝的千斤顶，同时对每一钢束中的全部力筋施加应力，但扁平管道中不多于 4 根的钢绞线除外。

⑦预应力筋张拉端的设置应符合设计要求，当设计无具体要求时，应符合以下规定：对于曲线预应力筋或长度大于等于 25 m 的直线预应力筋，宜在两端张拉；对长度小于 25 m 的直线预应力筋，可在一端张拉；曲线配筋的精轧螺纹钢筋应在两端张拉，直线配筋的精轧螺纹钢筋可在一端张拉。

⑧后张法预应力筋断丝及滑丝不得超过有关规定的控制数。

⑨预应力筋在张拉控制应力达到稳定后方可锚固。预应力筋锚固后的外露长度不宜小于 300 mm，锚具应用封端混凝土保护，当需长期外露时，应采取防止锈蚀的措施。在一般情况下，锚固完毕并经检验合格后即可切割端头多余的预应力筋，严禁用电弧焊切割，强调用砂轮机切割。

⑩张拉切割后即封堵。用素灰将锚头封住，然后用塑料布将其裹住进行养护，以防止裂缝而使锚头漏浆、漏气，影响压浆质量。

（三）预制梁的架设方法

1.联合架桥机法

联合架桥机法是以联合架桥机并配备若干滑车、千斤顶、绞车等辅助设备架设安装预制梁，适用于多孔、30 m 以下孔径的装配式桥梁。

（1）联合架桥机的组成

联合架桥机主要由龙门架、蝴蝶架和导梁组成。

龙门架用工字形钢梁架设，在架上安放两台吊车，架的接头处和上、下缘用钢板加固，主柱为拐脚式，横梁的高程由两根预制梁的叠高加上平板车的高度和起吊设备的高度决定。龙门架通常用来起落预制件和导梁。

蝴蝶架是专供托运龙门吊机在轨道上移走的支架，它形如蝴蝶，用角钢拼成，上设有供升降用的千斤顶。它是用以拖动龙门架转移位置的专用工具，在桥头地面上拼装、竖直，用千斤顶顶起放在蝴蝶架平车上，移至导梁上放置。

导梁用钢桁梁拼成，以横向框架连接，其上铺钢轨供运梁行走。

（2）施工作业

架梁时，先铺设导梁和轨道，用绞车将导梁拖移就位后，把蝴蝶架用平板小车推上轨道，将龙门吊机托运至墩上，用千斤顶将吊机降落在墩顶，并用螺栓固定在墩的支承垫块上，然后用平车将梁运到两墩之间，由吊机起吊、横移、下落就位。待全跨梁就位后，向前铺设轨道，用蝴蝶架把吊机移至下一跨架梁。

（3）优缺点

该方法的优点是可完全不设桥下支架，不受洪水威胁，在架设过程中不影响桥下通车、通航；预制梁的纵移、起吊、横移、就位都比较便利。缺点是架设设备用钢材较多（可周转使用）。

2.双导梁穿行式架设法

双导梁穿行式架设法是在架设跨间设置两组导梁。导梁是用贝雷梁或万能构件组装的钢桁架，其梁长大于 2 倍桥梁跨径，前段为引导部分，由前端钢支架与前方墩上的预埋螺栓连接，中段是承重部分，后段为平衡部分。导梁顶面铺设小平车轨道，预制梁由平车在导梁上运至桥孔，由设在两根横梁上的卷扬机吊起，下落在两个桥墩上，之后在滑道垫板上进行横移就位。先安装两个边梁，再安装中间各梁。全跨安装完毕、横向焊接后，将导梁向前推，安装下一跨。

3.扒杆架设法

扒杆架设法又称吊鱼架设法，利用人字扒杆来架设桥梁上部结构构件，而不需要特殊的脚手架或木排架。

人字扒杆有一副扒杆和两副扒杆两种类型。在两副扒杆架设中，一副是吊鱼滑车组，用以牵引预制梁悬空拖曳；另一绞车是牵引前进，梁的尾端设有制动绞车，起溜绳配合作用，后扒杆的主要作用是预制梁吊装就位时，配合前扒杆吊起梁端，抽出木垛，便于落梁就位。一副扒杆架设的基本方法与两副扒杆架设相同，不同之处是采用千斤顶顶起预制梁，抽出木垛，落梁就位。

用此法架梁时，必须以预制梁的质量和墩台间跨径为基础，在竖立扒杆、放倒扒杆、转移扒杆或吊梁进行横移等各个阶段，对扒杆、牵引绳、控制绳等零件进行受力分析和应力计算，以确保设备的安全。本法不受架设孔墩台高度和桥孔下地基、河流水文等条件影响，适用于起吊高度不大和水平移动范围较小的中、小跨径的桥梁。

4.自行式吊车架设法

在桥不高、场内又可设置行车便道的情况下，用自行式吊车（汽车吊车或履带吊车）架设中、小跨径的桥梁十分方便。此法依据吊装质量不同，还可采用单吊（一台吊车）或双吊（两台吊车）两种形式。其特点是机动性好，不需要动力设备，不需要准备作业，架梁速度快。一般吊装能力为 150～1 000 kN。此方法适用于陆地架设。

5.跨墩龙门式吊车架设法

跨墩龙门吊机适用于在岸上和浅水滩以及不通航浅水区域安装预制梁。两台跨墩龙门吊机分别设于待安装孔的前、后墩位置，预制梁由平车顺桥向运至安装孔的一侧，移动跨墩龙门吊机上的吊梁平车，对准梁的吊点放下吊架，将梁吊起。当梁底超过桥墩顶面后，停止提升，用卷扬机牵引吊梁平车慢慢横移，使梁对准桥墩上的支座，然后落梁就位，接着准备架设下一根梁。

在水深不超过 5 m、水流平缓、不通航的中小河流上的小桥孔，也可采用跨墩龙门吊机架梁。这时必须在水上桥墩的两侧架设龙门吊机轨道便桥，便桥基础可用木桩或钢筋混凝土桩。在水浅流缓而无冲刷的河上，也可用木笼或草袋筑岛来作为便桥的基础。便桥的梁可用贝雷梁组拼。

6.浮吊架设法

在海上和深水大河上修建桥梁时，用可回转的伸臂式浮吊架梁比较方便，也可用钢制万能杆件或贝雷钢架拼装固定的悬臂浮吊进行。采用这种架梁方法时，高空作业较少，施工比较安全，工效较高，但需要大型浮吊。鉴于浮吊船来回运梁航行时间长，要增加费用，一般采取用装梁船存梁后成批一起架设的方法。

浮吊架梁时需在岸边设置临时码头来移运预制梁。架梁时，要认真锚固浮吊。当流速不大时，则可用预先抛入河中的混凝土锚来作为锚固点。

二、桥梁上部结构支架施工技术

（一）支架、拱架、模板的类型

1.支架

支架按其构造分为立柱式支架、梁式支架和梁柱式支架；按材料可分为木支架、钢支架、钢木混合支架和万能杆件拼装的支架等。

（1）立柱式支架

立柱式支架构造简单，可用于陆地或不通航河道以及桥墩不高的小跨径桥梁施工。

（2）梁式支架

根据跨径不同，梁可采用钢板梁或钢桁梁。

（3）梁柱式支架

当桥梁较高、跨径较大或必须在支架下设孔通航或排洪时，可用梁柱式支架。

2.拱架

拱架按结构分为支柱式拱架、撑架式拱架、扇形拱架、桁式拱架、组合式拱架等；按材料分为木拱架、钢拱架、竹拱架和土牛拱胎。

3.模板

施工所用模板，有组合钢模板、木模板、木胶合板模板、竹胶合板模板、硬铝模板、塑料模板、各类纤维材料板。施工时应根据结构物的外观要求选用。

（二）模板、支架和拱架的制作及安装

1.模板的制作及安装

（1）模板的制作

钢模板宜采用标准化的组合模板。组合钢模板的拼装应符合现行国家标准

《组合钢模板技术规范》（GB/T 50214—2013）。各种螺栓连接件应符合国家现行有关标准。

钢模板及其配件应按批准的加工图加工，成品经检验确认合格后方可使用。

木模板可在工厂或施工现场制作，木模板与混凝土接触的表面应平整、光滑，多次重复使用的木模板应在内侧加钉薄铁皮。木模板的接缝可做成平缝、搭接缝或企口缝。当采用平缝时，应采取措施防止漏浆。木模板的转角处应加嵌条或做成斜角。

重复使用的模板应始终保持表面平整、形状准确，不漏浆，有足够的强度和刚度。

（2）模板的安装

模板安装的技术要求如下：

①混凝土的模板板面应采用下列材料之一：金属板、木制板及高分子合成材料面板、硬塑料或玻璃钢板等。外露面的模板板面宜采用钢模板、胶合板，为减少模板的拼缝，对于大面积的混凝土，每块模板的面积宜大于 1.0 m^2。梁及墩台帽的突出部分，应做成倒角或削边，以便脱模。

②在结构物的某些部位设置凸条或凹槽的装饰线。在模板内的金属连接件或锚固件，应按图纸规定及监理工程师的要求将其拆卸或截断，且不损伤混凝土。模板内应无污物、砂浆及其他杂物。以后要拆除的模板，应在使用前彻底涂以脱模剂或其他相当的代用品，使其易于脱模，并使混凝土不变色。

③模板与钢筋安装工作应配合进行，妨碍绑扎钢筋的模板应待钢筋安装完毕后安设。模板不应与脚手架连接（模板与脚手架整体设计时除外），避免引起模板变形。

④安装侧模板时，应防止模板移位和凸出。基础侧模可在模板外设立支撑固定，墩、台、梁的侧模可设拉杆固定。浇筑在混凝土中的拉杆，应按拉杆拔出或不拔出的要求，采取相应的措施。对小型结构物，可使用金属线代替拉杆。

⑤模板安装完毕后，应对其平面位置、顶部标高、节点联系及纵、横向稳

定性进行检查，签认后方可浇筑混凝土。浇筑时，发现模板有超过允许偏差变形值的可能时，应及时纠正。

⑥在安装模板的过程中，必须设置防倾覆设施。

⑦当结构自重和汽车荷载(不计冲击力)产生的向下挠度超过跨径的1/1 600时，钢筋混凝土梁、板的底模板应设预拱度，预拱度值应等于结构自重和1/2汽车荷载（不计冲击力）所产生的挠度。纵向预拱度可做成抛物线或圆曲线。

⑧对于采用后张法制作的预应力梁、板，应注意预应力、自重和汽车荷载等综合作用下所产生的上拱或下挠，应设置适当的预挠或预拱。

⑨当所有和模板有关的工作做完，待浇混凝土构件中所有预埋件亦安装完毕后，才能浇筑混凝土。这些工作应包括清除模板中的碎屑物、木屑、水及其他杂物。

2.支架、拱架的制作及安装

支架、拱架制作及安装的一般要求如下：

①支架和拱架宜采用标准化、系列化、通用化的构件拼装。无论使用何种材料的支架和拱架，均应进行施工图设计，并验算其强度和稳定性。

②制作木支架、木拱架时，长杆件接头应尽量减少，相邻立柱的连接接头应尽量分设在不同的水平面上。主要压力杆的纵向连接应使用对接法，并用木夹板或铁夹板夹紧。次要构件的连接可用搭接法。

③安装拱架前，对拱架立柱和拱架支承面应详细检查，准确调整拱架支承面和顶部标高，并复测跨度，确认无误后方可进行安装。各片拱架在同一节点处的标高应尽量一致，以便拼装平联杆件。在风力较大的地区，应设置风缆。

④支架和拱架应稳定、坚固，能抵抗在施工过程中有可能发生的偶然冲撞和振动。安装时应注意以下几点：支架立柱必须安装在有足够承载力的地基上，立柱底端应设垫木来分布和传递压力，并保证浇筑混凝土后不发生超过允许值的沉降量；施工用的脚手架和便桥，不应与结构物的模板支架相连接，以避免施工振动时影响浇筑混凝土质量；船只或汽车通行孔的两边支架应加设护桩，

夜间应用灯光标明行驶方向；施工中易受漂流物冲撞的河中支架应设坚固的防护设备。

⑤支架或拱架安装完毕后，应对其平面位置、顶部标高、节点连接及纵、横向稳定性进行全面检查，符合要求后，方可进行下一工序。

⑥在浇筑混凝土及砌筑拱圈过程中，承包人应随时测量和记录支架和拱架的变形及沉降量。

⑦对于现浇混凝土的梁（板）结构，在支架架设后，应按图纸要求对支架进行预压，加在支架上的预压荷载应不小于梁（板）自重。

（三）模板、支架和拱架的拆除

承包人应在拟定拆模时间的 12 h 以前，向监理工程师报告拆模建议，并应取得同意。如果由拆模不当引起混凝土损坏，其修补费用应由承包人承担。卸落拱架时应用仪器观测拱圈挠度和墩台变位情况，并做好记录。

1.拆除期限的原则规定

模板、支架和拱架的拆除期限应根据结构物特点、模板部位和混凝土所达到的强度来决定。非承重侧模板应在混凝土强度能保证其表面及棱角不致因拆模而受损坏时方可拆除，一般应在混凝土抗压强度达到 2.5 MPa 时方可拆除侧模板。芯模和预留孔道内模，应在混凝土强度能保证其表面不发生塌陷和裂缝现象时方可拆除，拆除时间可按《公路桥涵施工技术规范》（JTG/T 3650—2020）的有关规定确定。钢筋混凝土结构的承重模板、支架和拱架，应在混凝土强度能承受其自重力及其他可能的叠加荷载时方可拆除。当构件跨度不大于 4 m 时，在混凝土强度达到设计强度标准值的 50%后方可拆除；当构件跨度大于 4 m 时，在混凝土强度达到设计强度标准值的 75%后方可拆除。如设计上对拆除承重模板、支架、拱架另有规定，则应按照设计规定执行。

石拱桥的拱架卸落时间应符合下列要求：

①浆砌石拱桥，须待砂浆强度达到设计要求，如设计无要求，则须达到砂

浆强度的70%。

②跨径小于 10 m 的小拱桥，宜在拱上建筑全部完成后卸架；中等跨径的实腹式拱桥，宜在护拱砌完后卸架；大跨径空腹式拱桥，宜在拱上小拱横墙砌好（未砌小拱圈）时卸架。

③当需要进行裸拱卸架时，应对裸拱进行截面强度及稳定性验算，并采取必要的稳定措施。

2.拆除时的技术要求

①模板拆除应按设计的顺序进行，设计无规定时，应遵循先支后拆、后支先拆的顺序，拆时严禁抛扔。

②为便于支架和拱架的拆卸，应根据结构形式、承受的荷载大小及需要的卸落量，在支架和拱架适当部位设置相应的木楔、木马、砂筒或千斤顶等落模设备。

③卸落支架和拱架应按拟定的卸落程序进行，分几个循环卸完，卸落量开始时宜小，以后逐渐增大。在纵向应对称均衡卸落，在横向应同时卸落。在拟定卸落程序时应注意以下几点：在卸落前应在卸架设备上画好每次卸落量的标记；满布式拱架卸落时，可从拱顶向拱脚依次循环卸落，拱式拱架可在两支座处同时均匀卸落；简支梁、连续梁宜从跨中向支座依次循环卸落，悬臂梁应先卸挂梁及悬臂的支架，再卸无铰跨内的支架；多孔拱桥卸架时，若桥墩允许承受单孔施工荷载，则可单孔卸落，否则应多孔同时卸落，或各连续孔分阶段卸落；卸落拱架时，应设专人用仪器观测拱圈挠度和墩台变化情况，并详细记录，另设专人观察是否有裂缝现象。

④墩、台模板宜在其上部结构施工前拆除。拆除模板，卸落支架和拱架时，不允许猛烈敲打和强扭。

⑤模板、支架和拱架拆除后，应维修整理，分类妥善存放。

（四）施工工序

1.地基处理

地基处理应根据箱梁的断面尺寸及支架的形式对地基的要求而决定，支架的跨径大，对地基的要求就高，地基的处理形式就得加强，反之就可相对减弱。地基处理时要做好地基的排水，防止雨水或混凝土浇筑和养护过程中滴水对地基产生影响。

2.支架布置

支架的布置根据梁截面大小并通过计算确定，以确保强度、刚度、稳定性满足要求，计算时除考虑梁体混凝土质量外，还需考虑模板及支架质量，施工荷载（人、料、机等），作用在模板、支架上的风力，以及其他可能产生的荷载（如雪荷载、保温设施荷载）等。

应根据技术规范的要求对支架进行预压，收集支架、地基的变形数据，并将这些数据作为设置预拱度的依据。设置预拱度时要考虑张拉上拱的影响。预拱度一般按两次抛物线设置。

在支架的卸落设备方面，可根据支架形式选择使用木楔、砂筒、千斤顶、U 形顶托等。卸落设备要有足够的强度。

3.模板布置

模板以钢模板为主，在齿板、堵头或棱角处采用木模板。模板的楞木由方钢、槽钢或方木组成，布置间距以 75 cm 左右为宜，具体的布置需要根据箱梁截面尺寸确定，并对模板的强度、刚度进行验算。

4.普通钢筋、预应力筋的布设

在安装并调好底模及侧模后，开始底、腹板普遍钢筋绑扎及预应力管道的预设。底、腹板钢筋及预应力管道完成后，浇筑第一次混凝土，混凝土终凝后，再支内模顶板，绑扎顶板钢筋及预应力管道，进行混凝土的第二次浇筑。

普通钢筋及预应力筋按规范的要求做好各种试验，严格按设计图纸的要求布设。对于腹板钢筋，一般根据其起吊能力，预先焊成钢筋骨架，吊装后再绑扎或焊接成型，钢筋绑扎、焊接要符合技术规范的要求。

预应力管道采用镀锌钢带制作，预应力管道的位置按设计要求准确布设，并采用每隔 50 cm 一道的定位筋进行固定，接头要平顺，外用胶布缠牢，在管道的高点设置排气孔。

锚垫板安装前，要检查锚垫板的几何尺寸是否符合设计要求，锚垫板要牢固地安装在模板上。要使垫板与孔道严格对中，并与孔道端部垂直，不得错位。

预应力筋的下料长度要通过计算确定，计算应考虑孔道曲线长、锚夹具长度、千斤顶长度及外露工作长度等因素。

预应力筋穿束前要对孔道进行清理。

5.混凝土的浇筑

浇筑施工前，应做混凝土的配合比设计及各种材料试验，并根据实际情况进行综合比较，确定箱梁混凝土采用一次、两次或三次浇筑。以下两点在施工中应给予重视：

①混凝土浇筑时要安排好浇筑顺序，其浇筑速度要确保下层混凝土初凝前覆盖上层混凝土。

②混凝土的振捣采用插入式振捣器进行，振捣器的移动间距不超过其作用半径的 1.5 倍，并且插入下层混凝土 5～10 cm。对于每一个振捣部位，必须振捣到该部位混凝土密实为止，但也不得超振。

6.预应力的张拉

①在进行张拉作业前，必须对千斤顶、油泵进行配套标定，并每隔一段时间进行一次校验。有几套张拉设备时，要进行编组，不同组号的设备不得混合。

②当梁体混凝土强度达到设计规定的张拉强度时，方可进行张拉。

③预应力的张拉采用双控，即以张拉力控制为主，以钢束的实际伸长量进行校核，实测伸长值与理论伸长值的误差不得超过规范要求，否则应停止张拉。

④张拉的程序按技术规范的要求进行。

⑤张拉过程中的断丝、滑丝不得超过规范或设计的规定。

7.压浆、封锚

①张拉完成后要尽快进行孔道压浆和封锚，压浆所用灰浆的强度、稠度、水灰比、泌水率、膨胀剂剂量按施工技术规范及试验标准中的要求控制。

②每个孔道压浆到最大压力后，应有一定的稳定时间。压浆直到使孔道另一端饱满和出浆，并使排气孔排出与规定稠度相同的水泥浓浆为止。

③压浆完成后，应将锚具周围冲洗干净并凿毛，设置钢筋网，浇筑封锚混凝土。

三、桥梁上部结构逐孔施工技术

（一）逐孔施工的技术类型

逐孔施工法从施工技术方面讲有三种类型：

一是采用临时支承组拼预制节段逐孔施工。

对于多跨长桥，在缺乏较大能力的起重设备时，可将每跨梁分成若干段，在预制现场生产；架设时采用一套支承梁临时承担组拼节段的自重，在支承梁上张拉预应力筋，并将安装跨的梁与施工完成的桥梁结构按照设计的要求连接，完成安装跨的架梁工作。之后移动临时支承梁，进行下一桥跨的施工。

二是采用移动模架逐孔现浇施工。

由于此法是在桥位上现浇施工，可免去大型运输和吊装设备。此外，采用此法施工时，桥梁整体性好，机械设备的利用率和生产效率较高。

三是采用整孔吊装或分段吊装逐孔施工。

这种施工方法是早期连续梁桥采用逐孔施工的唯一方法，可用于混凝土连续梁和钢连续梁桥的施工中。

（二）采用临时支承组拼预制节段逐孔施工

1.节段划分

（1）桥墩顶节段

由于桥墩节段要与前一跨连接，需要张拉钢索或钢索接长，为此对墩顶节段构造有一定要求。

此外，在墩顶处桥梁的负弯矩较大，梁的截面还要符合受力要求。

（2）标准节段

前一跨墩顶节段与安装跨第一节段间可以设置就地浇筑混凝土封闭接缝，用以调整安装跨第一节段的准确程度。封闭接缝宽 15～20 cm，拼装时由混凝土垫块调整。在施加初预应力后用混凝土封填，这样可调整节段拼装和节段预制的误差。

2.支承梁

（1）钢桁架导梁

钢桁架导梁应设置预拱度，要求当每跨箱梁节段全部组拼之后，钢桁架导梁上弦应符合桥梁纵断面标高要求。同时还需准备一些附加垫片，用于临时调整标高。

（2）下挂式高架钢桁架

在节段组拼过程中，架桥机前臂必然下挠，安装桥跨第一块中间节段的挠度倾角调整是该跨架安设的关键，因此要求当一跨节段全部由架桥机吊起后，第一个中间节段与墩上节段的接触面应全部吻合。

（三）采用移动模架逐孔现浇施工

当桥墩较高，桥跨较长或桥下净空受到约束时，可以采用非落地支承的移动模架逐孔现浇施工，称为移动模架法。移动模架法适用于多跨长桥，桥梁跨径可达 50 m，使用一套设备可多次移动周转使用。

移动模架法施工的主要工序如下：侧模安装就位→安装底模→支座安装→预拱度设置与模板调整→绑扎底板及腹板钢筋→预应力系统安装→内模就位→顶板钢筋绑扎→箱梁混凝土浇筑→内模脱模→施加预应力→管道压浆→落模→拆底模及滑模纵移。

（四）采用整孔吊装或分段吊装逐孔施工

吊装机包括桁式吊、浮吊、龙门起重机、汽车吊等，可根据起吊物重力、桥梁所在的位置以及现有设备和掌握机具的熟练程度等因素合理选择吊装机。

在进行整孔吊装或分段吊装逐孔施工时应注意以下几个方面：

第一，采用分段吊装逐孔施工的接头位置可以设在桥墩处，也可设在梁的1/5 附近，前者多为由简支梁逐孔施工连接成连续梁，后者多为悬臂梁转换为连续梁。在接头位置处可设有 0.5～0.6 m 现浇混凝土接缝，当混凝土达到足够强度后张拉预应力筋，完成连续。

第二，桥的横向是否分隔，主要根据起重能力和截面形式确定。在桥梁较宽，起重能力有限的情况下，可以采用 T 形梁或工字梁截面，分片架设之后再进行横向整体化。为了加强桥梁的横向刚度，常采用梁间翼缘板有 0.5 m 宽的现浇接头。采用大型浮吊横向整体吊装将会简化施工和加快安装速度。

第三，对于先简支后连续的施工方法，通常在简支梁架设时使用临时支座，待连接和张拉后期钢索完成连续时拆除临时支座，放置永久支座。为使临时支座便于卸落，可在橡胶支座与混凝土垫块之间设置一层硫黄砂浆。

第四，在梁的反弯点附近设置接头，在有可能的情况下，可在临时支架上进行接头。桥梁上部结构各截面的恒载内力根据各施工阶段进行内力叠加计算。

四、桥梁上部结构悬臂施工技术

（一）悬臂拼装施工

悬臂拼装施工包括块件的预制、运输、拼装及合龙。悬臂拼装施工具备以下优点：

①梁体的预制可以与桥梁下部构造施工同时进行，平行作业缩短了建桥周期。

②预制梁的混凝土龄期比悬浇法的长，从而减少了悬拼成梁后混凝土的收缩和徐变。

③预制场或工厂化的梁段预制生产利于整体施工的质量控制。

1.梁段预制方法

梁段预制方法可以分为长线法及短线法。

（1）长线法

组成梁体的所有梁段均在固定台座上的活动模板内浇筑，且相邻段的拼合面应相互贴合浇筑，缝面浇筑前涂抹隔离剂，以利脱模。长线法的优点是台座固定、可靠，成桥后梁体线性较好；缺点是占地较大，地基要求坚实，混凝土的浇筑和养护移动分散。长线法施工工序如下：预制场、存梁区布置→梁段浇筑台座准备→梁段浇筑→梁段吊运存放、修整→梁段外运→梁段吊拼。

（2）短线法

梁段在固定台座能纵移的模内浇筑。待浇梁段一端设固定模架，另一端为已浇梁段（配筑梁段），浇毕达到强度后运出原配筑梁段，如此周而复始，台座仅需 3 个梁段长。短线法的优点是场地较小，浇筑模板及设备基本不需要移机，可调的底、侧模便于平竖曲线梁段的预制；缺点是精度要求高，施工要求严，施工周期相对较长。

2.梁段拼装

（1）0 号块梁段拼装

为了确保连续梁分段悬拼施工的平衡和稳定，常将 T 构支座临时固结，必要时在墩两侧加设临时支架，以满足悬拼的施工需要。

（2）1 号块梁段拼装

1 号块梁段是紧邻 0 号块梁段两侧的第一箱梁节段，也是悬拼 T 构桥的基准梁段，是全跨安装质量的关键，一般采用湿接缝连接。1 号块梁段拼装的施工程序包括：吊机就位→提升、起吊 1 号块梁段→安设铁皮管→中线测量→丈量湿接缝的宽度→调整铁皮管→高程测量→检查中线→固定 1 号块梁段→安装湿接缝的模板→浇筑湿接缝混凝土→湿接缝养护、拆模→张拉预应力筋→下一梁段拼装。

（3）其他梁段拼装

采用胶接缝拼装，拼装施工程序包括：吊机就位→起吊梁段→初步定位试拼→检查并处理管道接头→移开梁段→穿临时预应力筋入孔→接缝面上涂胶接材料→正式定位、贴紧梁段→张拉临时预应力筋→放松起吊索→穿永久预应力筋→张拉预应力筋后移挂篮→下一梁段拼装。

3.拼装时应注意的要点

第一，梁段的存放场地应平整，承载力应满足要求，支垫位置应与吊点一致。

第二，预制梁块的测量要求如下：①箱梁基准块出坑前必须对所有梁块进行测量，详细记录，并根据其在桥上的设计位置进行校正；②箱梁标高控制点和挠度观测点，在箱梁顶面埋置 4～6 个；③在预制梁段上标出梁号、中轴线、横轴线。

第三，预制块件的悬臂拼装可依据设备和现场条件选用。当方便在陆地上或在便桥上施工时，可采用自行式吊车、门式吊车进行拼装；对于水中桥跨，可采用水上浮吊进行安装；对于高墩身的桥跨，可利用各种吊机进行高空悬拼施工。

第四，桥墩顶梁段及桥墩顶附近梁段施工时，可采用托架或膺架为支架就地浇筑混凝土。托架或膺架应经过设计，计算其弹性及非弹性变形。

第五，应保证拼装的第一个梁块（基准块）的预制精度，安装时应对纵、横轴线和高程进行精确定位测量，为以后的拼装创造条件。

第六，修建预应力悬臂梁桥时，应先将梁、墩临时锚固或在墩顶两侧设立临时支承，待全部块件安装完毕后，再撤除临时锚固或支承。

第七，采用悬臂吊机、缆索、浮吊悬拼安装时，应按施工荷载进行强度、刚度、稳定性验算，使安全系数大于 2.0。在施工中还应注意：①块件起吊安装前，应对起吊设备进行全面的安全技术检查，并按照设计荷载的 60%、100%和 130%分别进行起吊试验。②吊机的最大承重能力应符合设计要求。应注意吊机的定位和锚固，在其经检查符合要求后再进行起吊拼装。③移动吊机前应将纵向主桁架上所有活动部件尽量移动到主桁架后端，然后方可松卸锚固螺栓。④桥墩两侧块件宜对称起吊，以保证桥墩两侧平衡受力。⑤移动吊机时应沿箱梁纵轴线对称地向两端推进。⑥墩侧相邻的 1 号块件提升到设计标高初步定位后，应立即测量、调整 1 号块件的纵轴线，使之与梁顶块件纵轴线的延伸线重合，使 1 号块件横轴线与梁顶块件的横轴线平行且间距符合设计要求。应检查梁顶块件与 1 号块件间孔道的接头情况，调整并制作接缝间孔道接头后，方可将 1 号块件牢靠固定，其他各个块件连接时，均应按本条规定测量调整其位置。⑦应在施工前绘制主梁安装挠度变化曲线，在悬臂拼装过程中应随时观测桥轴线安装挠度曲线的变化情况，并与设计值进行对比，遇有较大偏差时应及时处理，以便控制块件的安装高程。⑧吊机就位后须将支点垫稳，固定后锚螺栓，平车移动到起吊位置，进行下一块件的拼装。

第八，对于非 0 号、1 号块件的拼装，一般应在接缝上设置定位榫齿或钢定位器。

第九，采用胶接缝拼装的块件，涂胶前应就位试拼。胶黏剂一般采用环氧树脂，在使用胶黏剂前应对其进行试验。应使用符合设计要求的胶黏剂。

第十，湿接缝块件应待混凝土强度达到设计强度等级的70%以上时（设计文件如有要求，则按设计文件要求处理，但不能低于设计强度等级的70%），才能张拉预应力束。

第十一，体系转换应按设计顺序进行。

（二）悬臂浇筑施工

悬臂浇筑施工适用于大跨径的预应力混凝土悬臂梁桥、连续梁桥、T形刚构桥、连续刚构桥。其特点是无须建立落地支架，无须大型起重与运输机具，主要设备是一对能行走的挂篮。

1.施工准备

（1）挂篮设计及加工

挂篮是沿着轨道行走的活动脚手架及模板支架。国内外现有的挂篮按结构形式可分为桁架式、三角斜拉带式、预应力束斜拉式、斜拉自锚式；按行走方式可分为滑移式和滚动式；按平衡方式可分为压重式和自锚式。对某一具体工程，应根据梁段分段情况，挂篮的质量、要求承受荷载，以及施工经验对挂篮进行认真详细的设计。除必须满足强度、刚度、稳定性要求外，还要使其行走、锚固方便可靠，质量不大于设计规定。挂篮由主桁架、锚固、平衡系统及吊杆、纵横梁等部分组成，由工厂或现场根据挂篮设计图纸精心加工而成。挂篮试拼后，必须进行荷载试验。

（2）0号、1号块件的施工

挂篮是利用已浇筑的箱梁段作为支撑点，通过桁架等主梁系统、底模系统，人为创造一个工作平台。对于0号、1号块件，挂篮没有支撑点或支撑长度不够，需采用其他方式浇筑，一般采用扇形托架浇筑。扇形托架可由万能杆件、贝雷片或其他装配式杆件组成，可支撑在桥墩基础承台上或墩身上。扇形托架除须满足承重强度要求外，还须具有一定的刚度，各连续点应连接紧密，螺栓旋紧，以减少变形，防止梁段下沉和裂缝。

（3）临时固结

对于连续箱梁，梁与墩未固结在一起，施工时，两侧悬浇施工难以保持绝对平衡，必须在施工中采取临时固结措施，使梁具有抗弯能力。临时固结一般采用在支座两侧临时加预应力筋，梁和墩顶之间浇筑临时混凝土垫块的方法，将梁固结在桥墩上，使梁具有一定的抗弯能力。在条件成熟时，可采用静态破碎方法，解除固结。

2.悬臂浇筑施工中应注意的要点

第一，主梁各部分长度的确定应充分考虑主梁的形式、跨径、墩宽、挂篮的形式以及施工周期。0 号块梁段长度一般为 5～20 m，悬浇分段长度一般为 3～5 m。

第二，桥墩顶梁段及桥墩顶附近梁段施工时，可以托架或膺架为支架就地浇筑混凝土。托架或膺架应经过设计，并计算其弹性及非弹性变形。

第三，在梁段混凝土浇筑前，应对挂篮（托架或膺架）、模板、预应力管道、钢筋、预埋件、混凝土材料、配合比、机械设备、混凝土接缝处理情况进行全面检查，经确认后方可浇筑。

第四，若梁身与墩身采用非刚性连接，那么为保证结构的稳定性，悬臂梁桥和连续梁桥应实施 0 号块梁段与桥墩间临时固结支承措施；对于采用刚性连接的 T 形刚构梁、连续刚构梁，因结构本身已具有一定的抗弯能力，可根据设计和施工要求采用在墩旁架设临时托架等方法进行施工。

第五，挂篮安装时应保证安全、稳定、可靠：①应特别注意挂篮的主纵、横梁的分联和移动操作，以防急剧的塌落和倾覆；②浇筑混凝土时，后端应锚固于已完成的梁段上，后锚和移动架可采取保险锚、保险索或保险手动葫芦等安全措施；③挂篮桁架在已完成的梁段上行走时，应于后端压重稳定；④挂篮桁架行走和浇筑混凝土时的稳定系数，均不得小于 1.50；⑤挂篮组拼后，应全面检查安装质量，并对挂篮进行试压，以消除结构的非弹性变形。挂篮试压的最大荷载一般可按最大悬浇梁段质量的 1.3 倍考虑。挂篮试压通常采用水箱加压法、试验台加压法及沙袋法。

第六，桥墩两侧梁段悬臂施工进度应对称、平衡，实际不平衡偏差不超过设计要求值。设计无要求时，其两端允许的不平衡质量最大不得超过一个梁段的底板自重。

第七，悬臂浇筑前端底板和桥面的标高，应根据挂篮前端的垂直变形及预拱度设置，在施工过程中要对实际高程进行监测，如与设计值有较大出入，则应会同有关部门查明原因并进行调整。

第八，安装模板后，应严格核准中心位置及标高、校正中线：①组装模板并校正中线，外模及框架的长度和高度应能适应各节段的变化，内模由侧模、顶模和内框架组成，应便于拆模和修改；②如上一节段施工后出现中线或高程误差，则应在模板安装时予以调整；③模板和前一节段的混凝土面应平整密贴。

第九，安装预应力管道时，应保证管道连接紧密、管道定位准确。放置预应力管道时要注意和前一段的管道连接接头严密对准，并用胶布包贴，防止灰浆渗入管道，还应设置足够的定位钢筋，以保证预留管道在浇筑混凝土过程中位置正确，线形和顺。纵向预应力管道用塑料波纹管时必须设置塑料内衬管，内衬管外径可比波纹管内径小 3～4 mm。定位钢筋的纵向水平间距不大于 100 cm，曲线段间距不大于 50 cm。

第十，挂篮行走前要测定已完成节段梁端标高，并定出箱梁中轴线。当解除挂篮的后锚固后，挂篮沿箱梁中轴线对称向两端前进，每前进 50 cm 做一次同步观测，防止挂篮转角、偏位造成挂篮受扭。

第十一，箱梁梁段混凝土浇筑，可视箱梁截面高度情况采用一次或二次浇筑法。无论采用何种方法浇筑，梁段自重误差都应在±3%范围内。用一次浇筑法，可在箱梁顶板中部留一窗口，以供浇筑底板混凝土，待浇好底板后立即补焊钢筋封洞，并同时浇筑肋板混凝土，最后浇筑顶板混凝土，一次完成。浇筑肋板混凝土时，两侧肋板应同时分层进行。浇筑顶板混凝土时，应从外侧向内侧一次完成，以防发生裂纹。当采用两次浇筑时，各梁段的施工应错开。箱梁分层浇筑时，底板可一次浇筑完成，腹板可分层浇筑，分层间隔时间宜控制在混凝土初凝之前。为缩短两次浇筑混凝土的时间间隔，可一次支立外侧模，内侧模分次接高。内侧模接高应待底板混凝土达到一定强度后进行，同时做好钢筋的绑扎和预应力的定位、布设工作，然后浇筑肋板上段和顶板混凝土。其接缝除按施工缝要求进行处理外，还应采取如预埋型钢、预留凹槽等抗剪措施。

在施工中还应注意：①检查钢筋、管道、预埋件的位置；②检查已浇混凝土表面的润湿情况；③浇筑时随时检查锚垫板的固定情况；④检查压浆管是否通畅牢固；⑤严密监视模板与挂篮变化情况，若发现问题，则应及时处理；⑥检查对称浇筑进度。

第十二，箱梁截面混凝土浇筑顺序应按设计要求进行，若设计无明确要求，则一般应考虑以下几点：①浇筑混凝土时，必须从悬臂端开始，两个悬臂端应对称均衡地进行浇筑；②浇筑混凝土时，应加强振捣，对于高箱梁混凝土施工，可采用内侧模开仓振捣；③在浇筑混凝土的同时应注意对预应力管道的保护，浇筑后应及时对管道进行清孔，以利穿束。

第十三，为提高混凝土早期强度，加快施工速度，应当在设计混凝土配合比时，加入早强剂或减水剂。混凝土梁段浇筑周期一般为 5～7 d，为防止混凝土出现过大的收缩、徐变，应在配合比设计时按规范要求控制水泥用量。

第十四，梁段拆模后，应对梁端的混凝土表面进行凿毛处理，以加强接头混凝土的连接。悬浇梁段分次浇筑混凝土时，如处理不当，则后浇筑混凝土的重力会引起挂篮变形，导致先浇筑的混凝土开裂，因此应采取措施消除后浇筑混凝土引起的挂篮变形。

第十五，分期浇筑混凝土时，新旧混凝土的接合面应凿毛洗净，还应严格控制相邻两次混凝土浇筑的龄期差，一般在任何情况下不得大于 20 d，同时应控制水灰比，降低骨料温度，减少模板与混凝土间的摩阻力。

第十六，在每一梁段施工过程中，若出现大风预报，则应停止施工，并不得使两悬臂端出现不平衡荷载，确保挂篮的牢固性。

第十七，混凝土浇筑完毕后应进行养护，待养护达到设计强度的75%，并经过孔道检查、管口弧度修理后，即可进行穿束、张拉、压浆和封锚等工作。

3.施工中易出现的问题

（1）箱梁腹板出现斜向裂缝

悬臂现浇混凝土箱梁拆模后张拉预应力索，腹板混凝土出现裂缝。一种是有规律地出现与底板约呈 45° 的斜向裂缝；另一种为沿预应力索管方向的斜向裂缝，靠近锚头处的裂缝较宽。

该问题出现的原因主要包括以下几个方面：

①出现与底板约呈 45° 的斜向裂缝的原因极大可能是该区域的主拉应力超过了该处的预应力索和普通钢筋的抗剪力及混凝土的抗拉强度，也有可能是混凝土拆模时间过早，混凝土尚未达到其设计抗拉强度。

②出现沿预应力索管方向的斜向裂缝的原因往往是预应力索张拉时，索管及其周边混凝土受到较集中的压应力，由柏松效应导致索管及其周边混凝土受到索管径向的巨大张力，如保护层混凝土不足以抵抗拉应力，则会在其最薄弱处开裂；混凝土未达到拆模、张拉的龄期或强度；腹板的非预应力普通钢筋网，钢筋间距较大，不能满足抗裂要求；施工临时荷载超载或在作用点产生过大的集中应力。

预防措施如下：

①布置有弯起预应力筋部位，往往能有效地克服主拉应力，因此在无弯起预应力筋部位应特别注意验算该部位的主拉应力，并布置相应的抗裂钢筋。

②加密普通钢筋间距以增强抗裂性，必要时可在易发生斜向裂缝的区段加设钢丝网片。

③在预应力束张拉集中的近锚头区域，增设钢筋网片，提高抗压能力和分散集中力。

④施工工况、工艺流程必须与设计相符，如有变更，则应立即与设计单位联系，核算无误后方可施工。

⑤混凝土未到龄期或强度，不能拆除模板。为掌握混凝土的实际强度，可在浇筑混凝土时多制作几组混凝土试块，在不同龄期进行试验。

（2）在腹板与底板承托部位出现空洞、蜂窝、麻面

箱梁浇筑混凝土拆模后，在底板与腹板连接处的承托部位，部分腹板离底板 1 m 高范围内出现空洞、蜂窝、麻面。

该问题出现的原因主要包括以下几个方面：

①箱梁腹板一般较高，厚度较薄，在底板与腹板连接部位钢筋较密，又布置有预应力筋，使得腹板混凝土浇筑时不易振实，也有漏振情况，易造成蜂窝。

②若箱梁设置横隔板，则一般会设预留孔。浇筑混凝土时从预留孔两边同时进料，易造成预留孔下部空气被封堵，形成空洞。

③浇筑混凝土时，气温较高，混凝土坍落度小，模板湿水不够，局部钢筋太密，振捣困难，易使混凝土出现蜂窝，不密实。

④箱梁混凝土浇筑量较大，若供料不及时，则易造成混凝土振捣困难，出现松散或冷缝。

⑤模板支撑不牢固，接缝不密贴，易发生漏浆、跑模，使混凝土产生蜂窝、麻面。

⑥施工人员操作不熟练，振捣范围分工不明确，未能严格做到对相邻部位交叉振捣，从而发生漏振情况，使混凝土出现松散、蜂窝。

防治措施如下：

①箱梁混凝土浇筑前应合理组织和分工，对操作人员进行技术交底，划分振捣范围，浇筑层次清楚，相互重复振捣长度应取 50 cm 左右。

②对设置横隔板的箱梁，混凝土要轮流从横隔板洞口一边下料，并从洞口下另一边振出混凝土，避免使空气封堵在洞口下部，这样就不易在洞口下部形成空洞。

③合理组织混凝土供料，如采用商品混凝土，则现场宜有临时备用搅拌设备，以便当商品混凝土因运输或其他原因造成供料中断时予以临时供料。

④根据施工气温，合理调整混凝土坍落度和混凝土水灰比，当气温高时，应做好模板湿润工作。

⑤当箱梁腹板较高时，模板上应设预留孔，使得振捣棒可达到各部位。

⑥对箱梁底板与腹板承托处及横隔板预留孔应重点进行监护，确保混凝土浇筑质量。

第二节　桥面系工程施工技术

一、伸缩装置施工工艺

伸缩装置在任何规格的桥梁上，都是桥梁构造上不可缺少的部分。它在桥梁结构中，要适应梁的温度变化，混凝土的徐变及收缩引起的收缩变化，梁端的旋转、梁的挠度等因素引起的接缝变化，并直接承受着车轮的反复荷载，它是桥梁结构上最薄弱的环节。

（一）工艺原理

嵌固对接型伸缩装置利用不同形状的钢构件将不同形状的橡胶条（带）嵌牢固定，并以橡胶条（带）的拉压变形来吸收梁体的变形，其伸缩体可以处于受压状态，也可以处于受拉状态。此类伸缩装置被广泛应用于伸缩量在 80 mm 及以下的桥梁工程上。

模数式伸缩装置利用不同截面形状的橡胶条（带）固定于异形边梁和中梁内形成密封体。异形边梁和中梁直接承受车辆荷载，车辆荷载通过传递伸缩力的传力机构传递到梁体上。根据设计要求的伸缩量，可以随意增加中梁和密封橡胶条（带），实现大位移伸缩缝，一般伸缩量在 80～1 200 mm。

（二）操作要点

1.施工准备

（1）材料

①伸缩装置：采用伸缩装置的品种、规格及性能应符合设计要求，产品进场时应有有效的产品质量合格证及相关技术文件。

②混凝土：混凝土强度应符合设计要求，混凝土中的水泥、沙子和石子等原料的各项性能指标均要满足公路试验检测标准。当采用钢纤维混凝土时，钢纤维应符合设计和施工规范的要求。

③钢筋：工程中所使用的钢筋要有出厂合格证，其各项性能指标均要满足公路试验检测标准。

（2）作业条件

在完成沥青混凝土表面层施工后，进行伸缩缝施工；施工前完成专项施工方案的审批、技术交底等工作。

（3）技术准备

①检验到场伸缩装置的质量。

②进行原材料试验，确定混凝土配合比。

③编制施工方案，进行技术交底。

2.操作方法

（1）相关施工单位配合

①预埋锚固：钢筋桥梁施工单位一定要按照设计图纸提供的尺寸，在梁端与梁端、梁端与桥台处安装伸缩装置的预留槽，按图纸要求预埋好锚固钢筋，锚固钢筋应与梁端或桥台有可靠的锚联。

②路面摊铺单位应用砂袋或其他方式填充梁板预留槽，然后连续铺筑桥面铺装层，保证路面平整度满足要求。

（2）测量放线、切缝、清理、填缝

①在路面预留的伸缩缝位置处，找到梁台或梁中线，按设计要求从中线返出伸缩缝混凝土保护带边缘线。

②沿边缘标线粘贴防漏彩条布，以防止在切缝及浇筑混凝土过程中污染路面。

③用路面切割机沿边缘标线匀速将沥青混凝土面层切断，切缝边缘要整齐、顺直、无缺损，与原预留槽边缘对齐。在切缝过程中，要做好切缝外侧沥青混凝土边角，防止污染破损。缝切割完成后，及时用胶带铺粘外侧缝边，以避免沥青混凝土断面边角在施工中损坏。

④切缝隙间的沥青混凝土用风镐凿除，清理槽口内临时填料，用高压泵将槽口和构造缝内杂物冲洗干净。在操作过程中不能破坏槽口以外的沥青混凝土（包括破角和抬起）。

⑤检查梁台或梁构造缝宽度、锚固钢筋是否符合设计要求。如果构造缝宽度小于设计宽度，则必须进行整修或向业主反映，要求原施工单位处理至合格。如果预留槽宽度大于伸缩装置混凝土设计宽度或临时填充物超宽，则应适当加宽切缝宽度。认真检查并校正预埋筋，特别注意预埋筋不得出现裂缝、折断、扭曲及缺失现象，对有裂缝和折断的钢筋应及时按焊接要求补焊或补钢筋，对扭曲的预埋筋要理顺。

⑥填塞构造缝：用相应厚度的泡沫板塞入构造缝内，注意要有足够的深度和严密性，上面应和槽底相平。不能有松动和较大的缝隙，以防止漏浆。

3.伸缩装置安装

①安装前将伸缩缝内止水带取下。根据伸缩缝中心的位置，设置起吊位置，以便将伸缩缝顺利吊装到位。

②在已清理完毕的槽上横向每 2 m 距离采用工字钢等型钢作为担梁，用吊车或人工将伸缩装置放入槽口内，使其中心线与两端预留槽间隙心线对正，其长度与桥梁宽度对正，遇有干涉的预埋筋可适当扳弯。伸缩装置与现况路面的

调平采用两台千斤顶配合进行，借助铝合金直尺和塞尺由中间向两端调整伸缩装置的顶面高度，直至顶面比沥青路面低 0～2 mm（D80）、0～3 mm（D160）。边调边用支架固定。如果梁间间隙不顺直，则伸缩缝中线应与桥梁端间隙中心线对应，中心位置要经反复校核合格后方可进行下道工序。初步定位后应检查槽内预埋钢筋位置是否合适，必要时进行调整。

③第二次用填缝材料（可采用苯板）将梁板（或梁台）间隙填满，填缝材料要直接顶在伸缩装置橡胶带的底部。为预防伸缩装置安装过程中焊渣烧坏填缝材料，可在填充缝隙两侧加薄铁皮对其加以保护。同时也应将伸缩装置的橡胶带 U 形槽内用泡沫塑料板或草绳等填充。

④用 3 m 直尺检查纵向平整度，即沿缝长方向每米不少于两个检查点，精确检查伸缩缝顶面与两侧路面是否平顺。用 3 m 直尺和小线检查伸缩装置的平整度及直顺情况。

4.伸缩装置焊接

①焊接前不宜打开伸缩装置定位锁。

②如果伸缩装置的缝隙宽度正好符合安装温度的要求，即可将预埋筋扳靠到较近的伸缩装置锚环上进行焊接。焊接顺序为从中间向两端先点焊，然后检查复测，待符合要求时，再进行全面焊接。如果伸缩装置的缝隙宽度不符合安装温度的要求，则应先将一根边梁和预埋筋焊接固定，再从中间向两端逐步割除固定门架，调整好间隙和高度后进行焊接。

③采用对称点焊定位。在对称焊接作业时伸缩缝每 0.5～1.0 m 范围内至少有一个锚固钢筋与预埋钢筋焊接，焊接长度应符合设计要求。两侧完全固定后就可将其余未焊接的锚筋完全焊接，并穿横筋焊接进行加固，确保锚固可靠，不得在横梁上任意施焊，以防变形。

④在焊接作业过程中，边焊边用 3 m 直尺检查纵横向平度及直顺度。焊接完毕后，全面检查一次，必要时进行调整。

⑤拆除锁定夹具，经验收合格后，及时进行下道工序工。

5.浇筑混凝土

①混凝土的材料、配合比、性能指标按设计及相关规范标准要求执行。混凝土应进行强制式厂拌。

②在对缝槽做最后一次清理和冲洗后，用塑料布或苫布铺盖槽两侧路面。同时用胶带粘封伸缩缝缝口，防止在施工中混凝土污染路面或流入缝口内。

③伸缩缝混凝土坍落度控制在 5～7 cm。混凝土运到现场，人工浇筑，用振捣棒振捣密实，要严格控制混凝土表面高度和平整度。

④现浇混凝土时，应注意防止已定位的构件变形。

⑤伸缩缝混凝土完成后，清理缝内填充物，嵌入密封胶带。

6.混凝土养生

浇成型后用塑料布或无纺布等覆盖保水养生，养生期不少于 7 d。养生期间严禁车辆通行。

7.止水带安装

①在养生期结束后，拆除填缝材料，然后安装止水带。

②安装止水带前应仔细检查止水带是否有破损。如果有轻微破损，则应进行修复；如果有严重破损，则应废弃不用。

③安装止水带时严禁用锐物施力，应当采用木棍或加工成圆端的钢筋棍施力。

（三）主要机具设备

主要机具设备有：路面切割机、千斤顶、空压机、插入式振捣器、交流电焊机、氧乙炔焊接切割设备、路面平整度直尺（3 m）、路面平整度检测仪等，有条件的最好再增配钢筋调直机、钢筋切断机、钢筋弯曲机等。上述设备的型号、功率及使用性能要满足工程的安装需要。

（四）劳动力组织

每个作业班组配置工程技术人员 1 名，领工员 1 名，电工 1 名，试验工 1 名，电焊工 2 名，其他熟练工人及小工根据工程量大小配备。

（五）质量要求

1.基本要求

①伸缩缝必须安装牢固，不能松动；伸缩性能必须有效。

②伸缩缝骨架钢板严禁外露，严禁出现钢板与黏结处开裂剥离的现象。

③伸缩缝无阻塞、渗漏、变形、开裂现象。

④缝宽符合设计及温度修正值的要求，缝隙均匀，伸缩有效，对接方法符合设计要求，接茬平齐、牢固。

2.外观标准

①伸缩装置处，结构物的缝隙应符合设计要求，上下贯通。

②伸缩缝表面不得低于桥面铺装表面，混凝土不得高出边梁 2 mm 以上。

③明疤、缺胶的面积不超过 30 mm×5 mm，深度不超过 2 mm，每米不超过 4 处。

④气泡、杂质不超过成品面积的 0.5%，且每处不大于 25 mm^2，深度不超过 2 mm。

⑤伸缩缝任意一侧不得出现 10 m 以内的不规则和不连续坡度。

⑥边梁与桥面紧密连接，其接缝处不得有缝隙，以确保行车平稳舒适。

（六）成品保护

①在伸缩缝混凝土浇筑完成后，养护要及时、到位，应根据天气情况及温度变化随时调整养护措施，并设专人进行全过程监督。在伸缩缝安装及混凝土养护期间封闭交通。

②注意清扫密封胶带中积存的泥沙、石屑等杂物，防止影响伸缩装置受力时的自由伸缩，以及大石子等物将密封胶带刺破，造成漏水和漏砂等。一经发现破损，及时更换密封胶带。

（七）质量方面的注意事项

①在安装梁的过程中，预留变形缝宽度应满足设计要求。变形缝中有杂物可使梁体无法自由伸缩，因此在安装伸缩缝前要彻底清除缝中杂物。

②为保证伸缩缝两侧保护带宽度符合设计要求，在摊铺工艺上，严格控制面层，尤其注意伸缩缝处沥青混凝土的摊铺施工质量。为确保面层沥青混凝土的施工质量，严格控制伸缩缝处预先做好的砂砾填料质量是关键。应选择符合强度要求、易操作、便于破除的填料作为临时填筑材料。

③为避免伸缩缝在焊接过程中出现焊缝长度偏短、焊缝不饱满、局部咬肉等质量问题，在伸缩缝前期准备及施工过程中要认真调整钢筋位置，同时预埋筋长度要留足，个别长度不足的应凿出足够长度再焊接，操作时控制住电流强度，防止焊接时咬肉。

④保存各类质量记录文件，如：原材料的材质证明、出厂合格证、复试报告；试验检验记录文件；隐蔽工程检查记录文件；工序质量评定表。

（八）安全及环保措施

1.安全措施

①伸缩缝安装施工作业在道路全封闭条件下进行。

②该项施工属高空作业，在施工中应设置配套的安全设施。桥梁上部结构两侧要搭设防护网，严禁高空坠物。施工现场设置足够的照明装置，以便施工，夜间施工设红色标志灯。

③工程设备施工前须进行性能检测，合格后才准许使用，由专人操作，并做好自检记录。

④乙炔灭火器采用金属防爆膜，禁止使用胶皮薄膜代替。氧气瓶与乙炔瓶间距大于 5 m，两瓶同焊时，间距大于 10 m。

⑤每台电焊机单独设开关，外壳做接零或接地保护，焊线保证双线到位，无破损。

2.环保措施

①混凝土切缝机、风镐、振捣棒等强噪声机械施工，宜安排在白天进行。

②加强施工现场周围环境卫生管理，在伸缩缝切缝、清理、混凝土浇筑作业过程中严禁污染。

二、桥面防水与排水施工

（一）桥面防水施工

1.一般规定

①桥面应采用柔性防水，不宜单独铺设刚性防水层。桥面防水层使用的涂料、卷材、胶黏剂及辅助材料必须符合环保要求。

②为防止基层混凝土继续水化失水造成防水层黏结不牢，或基层混凝土继续干缩开裂导致防水层开裂，规定桥面防水层应在现浇桥面结构混凝土或垫层混凝土达到设计要求强度，经验收合格后方可施工。

③桥面防水层应直接铺设在混凝土表面上，不得在两者间加铺砂浆找平层。

④防水基层面应坚实、平整、光滑、干燥，阴、阳角处应按规定半径做成圆弧。防水层施工前应将浮尘及松散物质清除干净，并应涂刷基层处理剂。基层处理剂应使用与卷材或涂料性质配套的材料，涂层应均匀、全面覆盖，待渗入基层且表面干燥后方可施作卷材或涂膜防水层。

⑤防水卷材和防水涂膜均应具有高延伸率、高抗拉强度、良好的弹塑性、耐高温和低温与抗老化性能。防水卷材及防水涂料应符合国家现行标准和设计

要求。

⑥桥面采用热铺沥青混合料作磨耗层时，应使用可耐 140～160 ℃高温的高聚合物改性沥青等防水卷材及防水涂料。

⑦桥面防水层应采用满贴法，防水层总厚度和卷材或胎体层数应符合设计要求，缘石、地袱、变形缝、汇水槽和泄水口等部位应按设计和防水规范细部要求做局部加强处理。防水层与汇水槽、泄水口之间必须黏结牢固、封闭严密。

⑧防水层完成后应加强成品保护，防止压破、刺穿、划痕损坏防水层，经验收合格后铺设桥面铺装层。

⑨防水层严禁在雨天、雪天和 5 级（含）以上大风天气施工。当气温低于－5 ℃时不宜施工。

2.卷材防水层施工

防水层施工前应保持桥面板平整、干燥、清洁，并在桥面板上预先洒布黏层沥青或涂刷冷底子油，使桥面板与防水层紧密相连。

铺贴卷材前，应使其保持干燥，并应将表面的云母、滑石粉等清除。铺贴沥青卷材时，应采用沥青胶将卷材与基面密贴，并用滚筒烫平压实。沥青胶厚度一般为 1.5～2.5 mm，不得超过 3 mm，应沿水流（桥面坡度）方向用上层卷材压住下层卷材，上下层的搭接缝应错开半幅，纵缝搭接长度应为 80～100 mm，横缝搭接长度不应少于 100 mm。粘贴卷材应展平压实，卷材与基层及各层卷材间必须黏结紧密，并将多铺的沥青胶挤出。搭接缝必须封缝严密，防止出现水路。粘贴完最后一层卷材后，表面应再涂一层厚为 1～1.5 mm 的热沥青胶结材料。卷材防水层铺贴的气温不应低于 5 ℃，沥青胶工作温度不低于 150 ℃。

3.涂料防水层施工

涂料防水层是涂刷各种高分子聚合物防水涂料而形成的防水层。

涂料防水层施工前的基层表面必须平整、密实、洁净。防水涂料的配合比应按照设计规定或涂料说明书确定，配制时应搅拌均匀。

防水涂料可用手工涂刷或喷涂，要求厚度均匀一致。第一层涂料涂刷完毕，必须干燥后方可涂刷下一层，一般涂刷 2～3 层。

当涂料防水层中夹有各类纤维布时，应在涂刷一遍涂料后，逐条紧贴纤维布，并要求使涂料吃透布料，不得出现起鼓、翘边、皱褶现象。

4.水泥砂浆防水层施工

水泥砂浆防水层的材料及配合比必须按要求严格控制。底层表面要求平整、粗糙、干净、湿润，不得有积水。水泥砂浆应分层铺设，每层厚度 5～10 mm，前层初凝后再铺设后一层，总厚度不小于 20 mm。铺抹的最后一层，应将表面压光。

（二）桥面排水施工

桥面雨水通过横坡排入泄水管，然后由泄水管把水排出桥面。

①宜在浇筑主梁时预留孔洞，在做桥面铺装时埋入泄水管。施工时注意进水口四周和铺装层要做严实，泄水管壁和防水层衔接处要做好防水，防止雨水渗入结构层。

②汇水槽、泄水口顶面高程应低于桥面铺装层 10～15 mm。

③泄水管下端至少应伸出构筑物底面 100～150 mm。泄水管宜通过竖向管道直接引至地面或雨水管线，其竖向管道应采用抱箍、卡环、定位卡等预埋件固定在结构物上。

④泄水管安装应牢固可靠，与铺装层及防水层之间应结合密实，无渗漏现象；金属泄水管应进行防腐处理。

⑤桥面泄水口位置允许偏差应符合《公路桥涵施工技术规范》（JTG/T 3650—2020）的相关规定。

三、桥面系附属工程施工

（一）桥梁支座安装

1.安装前的准备工作

①安装前对支座进行检查、验收，所有的橡胶支座必须有产品合格证书。

②支承垫石混凝土的强度应符合设计要求，顶面标高准确。尤其是一片梁一端安置两个支座时，要严格控制两个支承垫石顶面标高的水平误差，相对误差不得超过 3 mm。标高及平整度不符合设计要求的，可用环氧树脂砂浆抹平。

2.支座安装

（1）连续湿接头处橡胶支座的安装

①先将墩台垫石顶面的浮砂除去，墩台表面应清洁、平整、无油污。

②在支承垫石上按设计图纸标出支座位置中心线，同时在橡胶支座上也标出十字交叉中心线，将橡胶支座安放在垫石上，使支座中心线同墩台上的设计中心线重合，支座就位准确。

③在浇筑混凝土前，在橡胶支座位置上需加设一块比支座平面稍大的支承钢板，钢板上焊接锚固钢筋与梁体连接。将支承钢板视作现浇梁体底面模板的一部分。

（2）连续湿接头处四氟滑板支座的安装

安装方法与板式橡胶支座基本相同，应注意以下几点：

①支座应按设计支承中心准确就位，梁底钢板与支承垫石（或下钢板）顶面尽可能保持平行、平整，与支座上下面全部密贴。同一片梁的各个支座应置于同一个平面上，避免支座出现偏心受压、不均匀支承及个别脱空现象。

②支座安装后，发现问题及时调整。可在支座底面与支承垫石（或下钢板）间涂一层环氧树脂砂浆来进行调节。

③四氟滑板支座的储油凹坑内，安装时应充满不会挥发的“295”硅脂作润

滑剂，以降低摩擦系数。

④与四氟板面接触的不锈钢板面不允许有损伤、拉毛现象。

⑤支座与不锈钢板的相对位置要视安装时的温度而定，若不锈钢板有足够的长度，则安装时将支座与钢板的中心对齐即可。

（3）端梁端头四氟滑板支座的安装

①先将支承垫石顶面浮砂除去，墩台表面应清洁、平整、无油污。

②预制梁与支座接触的底平面应保证水平与平整，若有蜂窝状或倾斜度，则应预先处理好。

③先在支承垫石上按设计图纸标出支座位置中心线，同时在橡胶支座上也标上十字交叉中心线。将支座安放在垫石上，使支座中心线同支承垫石上的支座位置中心线重合，使支座准确就位。架设梁体、落梁时，预制梁的纵向轴线应同支座中心线相重合。为使落梁准确，在架第一孔梁时，可在梁底画好两个支座的十字位置中心线，在梁的端面标出两个支座位置中心铅直线，落梁时同墩台上的位置中心线相吻合。多跨梁可以第一跨梁为基准落梁。

④架梁、落梁时操作应平稳，为防止梁与支座发生横向滑移，宜用木制三角块在梁两侧加以定位，落梁工作全部完成后拆除。

⑤在一般情况下，四氟滑板支座安装落梁后，其顶面应保持水平。

⑥支座安装时的调整：一般可用千斤顶顶起梁端，在支座上下表面涂抹一层环氧树脂砂浆。再次落梁，使支座上下表面相互平行且同梁底、墩台顶面全部密贴，同时使一片梁梁端的支座处在同一平面内。对梁的纵向倾斜度应加以控制，以支座不产生明显初始剪切变形为佳。支座安装的关键是：尽量保证梁底与垫石顶面平行、平整，使其与支座上、下面全部密贴。

（二）现浇湿接头、湿接缝施工

1.准备工作

（1）凿毛

在箱梁拆模以后，立即组织人员对梁头及翼板外缘进行凿毛，凿除处理层混凝土表面的水泥砂浆和松弱层，并用水冲洗干净。

（2）测量高程

为保证箱梁顶面高程符合设计要求，湿接头施工之前，测量人员必须复核箱梁顶面高程。如安装误差较大，对桥面铺装层厚度有影响，则应书面通知湿接头施工负责人及箱梁安装负责人，暂停该湿接头施工，调整箱梁顶面高程，直至合格后方可继续施工。

2.连接

连接连续接头段钢筋，绑扎横梁钢筋，设置接头板束波纹管并穿束。在日温最低时（各现浇湿接头的气温应基本相同，温差控制在 5 ℃以内），浇筑连续接头、中横梁及其两侧与顶板负弯矩束同长度范围内的桥面板，达到设计强度的 90%后，张拉顶板负弯矩预应力钢束，并压注水泥浆。湿接头从每联的联端向联中间浇筑。

3.接头

在施工完成后，浇筑剩余部分桥面板湿接缝混凝土，剩余部分桥面板湿接缝应由跨中向支点浇筑，浇筑完成后拆除一联内临时支座，完成体系转换。湿接头、湿接缝施工流程如下：

准备工作→绑扎钢筋→连接波纹管并穿钢绞线束→吊设模板→浇筑连续接头、中横梁及其两侧与顶板负弯矩束同长度范围内的湿接缝→养护→张拉负弯矩钢绞线束并压浆→浇筑剩余部分湿接缝混凝土→拆除一联内临时支座，完成体系转换。任一道湿接头、湿接缝开始浇筑混凝土之前都必须报现场监理批准并得到监理工程师同意。

（三）现浇调平层施工

就目前的施工机具而言，桥面采用全幅一次施工，较难达到技术规范所要求的平整度。为更好地控制桥面标高及平整度，可横向分两幅施工（施工缝设在 1/2 桥宽处）。每幅均从 0 号台开始向 11 号台方向逐段推进。

1.清理桥面

桥面铺装施工前应对桥面进行普测，以确保铺装层的设计厚度。然后地毯式凿除浮渣、浮浆，清除其他杂物，并用高压水冲洗干净，保证桥面现浇层与T形梁桥面板的紧密结合。

2.精确放样与高程控制

按分幅（两幅）施工的方法，应设置三道纵向模板（单幅的两侧及1/2桥宽处），因此在桥面上按纵向每5 m的间距布设中线点，准确弹出三道模板的安装基准线，并于基准线处精确测出其高程，用于控制桥面标高。考虑桥面现浇钢筋网必须按设计位置定位，采用ϕ28 mm钢筋控制桥面标高，以振动梁、滚筒和钢筋顶面接触线进行高程控制。高程定位钢筋安装时，在间隔5 m已设置好的高程控制基准点之间，采用拉线的方式严格控制ϕ28 mm钢筋顶面标高。高程精确放样是确保桥面现浇平整度最为关键的一环，因此必须坚持复测制度。高程定位钢筋安装完毕后，应对其顶面标高多次检验复核，做到勤测、勤核、勤纠偏，以确保高程的准确性。

3.混凝土施工

混凝土的浇注是整个桥面现浇施工中最重要的环节，其工艺流程为：混凝土摊铺→混凝土振捣→滚压提浆→直尺检查→人工精平→拉毛→养生。

①混凝土摊铺：混凝土浇注前，桥面应充分湿润，并以不积水为度。混凝土摊铺要均匀，布料高度应略高于桥面标高2 cm左右，以备整平和收浆。

②混凝土振捣：混凝土振捣采用插入式振捣器与振动梁结合进行的方式，混凝土振捣沿标高钢筋慢速推进振捣，振捣应保证密实，以表面不出现气泡、平坦为准。

③滚压提浆：用人工一边整平，一边用ϕ120 mm滚筒滚压数遍进行提浆滚平。

④直尺检查与人工精平：由熟练工人在抹光架上用铁抹进行精平，此时配合用长6 m，断面100 mm×60 mm的铝合金直尺对纵、横向平整度、坡度反

复检测，直到平整度符合要求为止。精平是桥面现浇施工的关键，施工人员必须根据工作量配足配齐，并应保证有足够丰富的经验。精平工作必须确保在混凝土初凝前完成。

⑤拉毛：为保证桥面有一定的粗糙度，应在混凝土初凝前进行拉毛。采用特制的塑料扫把顺横桥向拉毛，拉毛应线条均匀，深度控制在 1～2 mm。拉毛时，施作人员不得直接踩在刚铺好的混凝土表面上，应跟随抹光架作业。

⑥养生：拉毛后以手指按压混凝土无痕迹时即覆盖麻袋养生，并均匀浇水，使桥面保持湿润。

此外，桥面现浇施工必须连续作业，在施工过程中不可避免会突遇大雨，因此应在施工前准备好 60 m 长遮雨篷，做好防雨工作。

由于是分幅施工，后施工的一幅水泥浆会污染先施工的一幅，因此应派专人在拉毛后用钢丝刷清除接茬处的污染砂浆，以保证接茬处的平整度和桥面的整洁。

（四）防撞护栏施工

防撞护栏的施工是最后一道工序，它不仅要求内在的高质量，而且要求外观整洁流畅。在防撞护栏的施工中，应力求做到线条平顺、棱角分明、表面光洁，达到内实外美的效果。

1.测量、放样

防撞护栏的平顺至关重要，放样精确度十分关键。为此，在测量放样时应加密点位，每 5 m 精确放样一中线控制点，并将弹线作为安装模板的基准线。由于防撞护栏模型直接置于桥面之上，故在立模前，应对该处的桥面标高再次进行复核，无误后方可安装防撞护栏模型。

2.模板制作

模板加工按机械制造的工艺要求进行，制作力求平顺，尺寸标准，牢固不变形，接缝密封性能好。

模型每节按 2 m 进行加工，对制作好的模板进行试拼并编号，有错台及平整度不符合要求的模板应经整改至合格后方可使用。

3.模板的安装与拆除

①防撞护栏模板的安装应严格按技术规范要求进行，确保在浇注混凝土时，不出现跑模、错台、变形、漏浆等现象。

②选用优质机油和柴油作为脱模剂，禁止使用劣质废机油，以免出现混凝土表面颜色不均匀和污染现象。

③在防撞护栏顶部及底部设拉杆加固，内模采用缆风绳拉紧与支撑木相结合，确保模型牢固稳定。

④模板安装完毕后，由专人负责，对其平面位置、顶部标高及加固措施进行全面检查，符合要求后，方可进行下一道工序。

⑤模板的拆除应在混凝土强度能够保证其表面棱角不致损坏时进行，对模板的拆除务必小心，避免人为破坏混凝土表面棱角。

4.混凝土的施工

①防撞护栏混凝土的浇注采用分三层浇注的方法，每层控制在 25～30 cm，确保气泡减少到最低限度。

②在浇注混凝土时振捣器要快插、慢拔，以便气泡充分逸出。振捣棒要插入已振下层混凝土 5 cm，从而消除分层接缝；插点要均匀排列，顺序进行，并掌握好振捣时间，一般以混凝土表面平坦、泛浆、不出现气泡为度，保证混凝土振捣密实。严禁过振，并避免振捣时碰撞模板。

③养生：浇注抹平后及时用湿麻袋覆盖，并及时浇水保持湿润状态，避免混凝土表面缩裂。

④切缝：为了防止栏杆受温度变化等因素而产生裂纹，影响美观，应对护栏按每 8～10 m 设一道切缝，负弯矩区按每 5 m 设一道切缝，切缝宽 3～5 mm，深 15 mm。

第六章　公路桥梁施工管理研究

第一节　公路桥梁工程施工成本管理

一、项目成本管理的含义

项目成本管理是指在满足工程质量、工期等合同要求的前提下，对项目实施过程中所发生的费用，通过计划、组织、控制和协调等活动实现预定的成本目标，并尽可能地降低成本费用的一种科学的管理活动。施工企业将公路桥梁施工项目合同价中经营性利润和企业应收取的费用剔除后，余下部分以施工预算成本的形式，并连同所涉及公路桥梁产品的成本负担责任、成本管理责任下达转移到施工项目，施工项目经理部则以下达的预算成本作为项目实际成本的最高额，科学、合理、经济地组织施工生产，采用先进的管理方法对施工项目成本活动的全过程进行管理，以达到降低实际成本，取得相应经济效益的目的，这一系列活动即构成公路桥梁施工项目的成本管理。

二、项目成本管理的内容

由于公路桥梁施工项目成本是一项综合性指标，因此它贯穿于公路桥梁施工生产经营活动的全过程，内容较为广泛。公路桥梁施工项目成本管理的内容一般包括以下六个方面：

（一）成本预测

施工项目成本预测是指在施工前，通过了解成本信息和分析工程项目的具体情况，在保质保量按期竣工交付使用的前提下，对未来的成本水平及可能发展趋势作出科学估计，选择成本低、效益好的最佳成本方案。

（二）成本计划

施工项目成本计划是在成本预测基础上，编制出项目在计划期内的生产费用、成本水平、成本降低额和降低率，以及为降低成本所采取的主要措施和规划的方案，并具体将成本降低目标分解落实到各职能部门和施工队组。可以说，成本计划是建立施工项目成本管理责任制、开展成本控制和核算的基础。

（三）成本控制

施工项目成本控制是指在项目施工过程中，对影响项目成本的各种因素加强管理，并采取各种有效措施，将施工中各阶段实际发生的各种消耗和支出严格控制在成本计划范围内，对实际成本与计划成本之间的差异进行分析，找出原因，采取措施，消除偏差，最终实现成本目标。成本控制应贯穿在项目从招投标阶段开始直到竣工验收的全过程。

（四）成本分析

施工项目成本分析是在成本形成过程中，对项目成本进行的对比评价和剖析总结工作。它主要利用施工项目的成本核算资料（成本信息）与目标成本（计划成本）、预算成本以及类似的施工项目的实际成本等进行比较，系统地研究成本变动因素与规律，检查成本计划的合理性，寻找降低项目成本的途径，以便有效地进行成本控制。

（五）成本核算

施工项目成本核算是指在项目施工过程中所发生的各种费用和形成施工项目成本的核算。

（六）成本考核

成本考核就是施工项目完成后，对项目成本形成中的各责任者，按项目成本目标责任制的有关规定，将成本实际完成指标与计划、定额、预算进行对比，评定施工项目成本计划的完成情况和各责任者的业绩，并以此给以相应的奖励和处罚，从而有效地调动职工在各自的岗位上努力完成目标成本的积极性。就成本构成要素来说，其一般包括人工费、材料费、机械费、现场管理费，同时在对成本要素进行管理时不能单纯地只管理成本要素，还应有机结合质量管理、工期管理、风险管理、技术管理等管理工作，真正使项目的成本得到控制并降低，为施工企业创造更多的利润空间。

三、影响公路桥梁工程项目成本增加的因素

（一）市场竞争激烈且竞争机制不规范

当前，中国建筑市场竞争非常激烈，再加上竞争机制不够规范，索要回扣和垫资接工程等现象日益凸显，部分施工企业为了谋取经济利益便采用劣质材料，导致工程项目质量堪忧。同时，部分企业为了从项目中获取经济利益，过度追求项目过剩质量，导致公路桥梁工程项目成本增加。

（二）缺少完善和高效的成本管理系统

目前，中国公路桥梁工程项目仍然存在着管理手段落后的现象，缺少完善

和高效的成本管理系统。大部分施工企业没有充分利用互联网优势建立健全成本信息管理系统，所以公路桥梁工程项目成本核算工作无法高效完成，无法系统地控制和管理项目施工成本。

（三）项目管理不当使成本升高

项目管理不当也是影响成本的主要因素。其中，项目管理主要是指对人工费和材料费以及现场经费等的管理，还包括对技术人员和材料人员以及质检人员等的管理。如果项目管理不当，则可能会导致公路桥梁工程项目成本增加。

四、施工项目成本控制的有效途径

施工项目成本控制的有效途径可以从降低成本、增加收入两方面着手，确保项目成本目标的实现。

（一）合理地控制工程直接成本

工程直接成本主要是指在施工项目成本形成过程中直接构成工程实体和有助于工程形成的材料费、人工费、机械费及其他直接费用。

1.材料费控制

在工程施工过程中，材料费占整个工程费用的比例很大，有较大的节约潜力。在其他成本出现亏损时，往往要靠材料的节约来弥补。因此，在工程施工过程中，材料成本控制是十分重要的。

材料成本控制在实际工作中包括材料用量控制和材料价格控制两方面。

（1）材料用量的控制措施

①坚持按定额确定材料消费量，实行限额领料制度，各班组只能在规定限额内分期分批领用；对于二灰砂砾、沥青混凝土及水泥混凝土等外购的主要材

料，要派专人进行数量监磅，并随时对每车的数量进行抽查。如与定额规定数量相比出现亏料现象，则要分析原因，及时采取纠正措施。

②改进施工技术，推广使用降低料耗的各种新技术、新工艺、新材料。

③认真计量验收，坚持余料回收，降低料耗水平。

④加强现场管理，合理堆放，减少二次搬运，降低堆放、仓储损耗。

（2）材料价格的控制措施

①买价控制，通过对市场行情的调查研究，在保质保量的前提下，货比三家，择优购料。

②运费控制，合理组织运输，就近购料，选用最经济的运输方法，以降低运输成本。

③考虑资金、时间价值，减少资金占用，合理确定进货批量和批次，尽可能降低材料储备。

④在对工程进行功能分析，对材料进行性能分析的基础上，力求用价格低的材料代替价格高的材料。

2.人工费控制

主要从用工数量方面进行控制。

①根据劳动定额计算出定额用工量，并将安全生产、文明施工及零星用工按一定比例（一般为5%～10%）一起包给领工员或班组，进行包干控制。

②要提高生产工人的技术水平和班组的组织管理水平，合理进行劳动组织，减少和避免无效劳动，提高劳动效率，精减人员。

③对于技术含量较低的单位工程，可分包给分包商，采取包干控制，降低工费。

3.机械费控制

项目经理部内的设备管理部门要根据工程质量、进度和设备能力的要求，合理地配备施工机械。对于外租机械设备，如摊铺机、压路机、平地机、吊车、发电机等，分别采取按台班、按工作量或包月等不同的租赁形式进行租用。要按油料消耗定额进行抽查，并合理安排机械设备的进、退场时间，合理调度和充分利用，提高机械利用率。对于自备小型机具，也要合理使用，减少机具闲置。对于机械设备应建立日常定期保养和检修制度，确保机械设备完好，杜绝机械事故的发生，努力降低机械使用成本。

（二）精简项目机构，降低间接成本

项目机构要根据工程规模大小和工程难易程度等因素，按照组织设计原则进行设置。另外，当前还应控制项目部的招待费等间接成本，根据工作需要制定出相关标准。

（三）加强工程质量、安全、工期的管理，控制质量成本

质量和安全是企业的生命保障线。工程施工的质量和安全好坏，直接影响企业的经济效益和社会信誉，因此在工程施工中要预防质量通病的产生，加强工程的质量检验，减少或杜绝工程质量事故的发生。这样不仅能降低工程的故障成本，还能树立良好的企业形象，为企业的长远发展奠定基础。

施工项目在合理工期下，成本支出较低。实际工期比合理工期提前或拖后往往意味着工程成本的提高。因此，在安排工期时，要注意处理工期与成本的辩证统一关系，均衡且有节奏地进行施工，以求在合理使用资源的前提下保证工期，降低成本。

（四）从“开源”原则出发，增加预算收入

1.认真研究招标文件，树立明确的时间和成本观念

在投标中，要使用有效报价技巧，以保证在报价具有竞争力的条件下，最终获取尽可能大的经济效益。例如，在执行工程量清单投标报价时，业主给定的工程量清单中工程数量不一定是工程竣工的结算数量。因此，在投标时，应通过对实际施工过程中工程数量变化趋势的预测分析，在维持总价不变的前提

下，相对于正常的报价水平，策略性地降低实际施工时数量可能减少的工程项目单价，提高实际施工时数量可能增加的工程项目的单价，以便在竣工结算时获得可观的额外收入；同时也要考虑资金的时间价值，适当提高前期费用的报价，降低后期费用的报价，以便达到尽早收回建设资金，加快资金周转的目的。

2.强化索赔观念，加强索赔管理

在竞争日趋激烈的市场中，公路桥梁施工企业同样面临着施工风险。因此，项目部应建立一支精干稳定的工程索赔管理小组。在认真学习合同文件，提高索赔意识的基础上，发现索赔线索后，该小组要与有关领导研究后，及时向业主及监理提出索赔。在编写索赔报告时，该小组要将索赔的证据资料与索赔申请、索赔费用等一起上报。索赔报告一定要体现索赔时间及索赔额度。该小组要按照合同规定时间及时提出索赔；对于索赔额度，一般应分散及时提出为好，以免业主感到额度过多。如果总额度很大，则可以将小额索赔作为谈判时的筹码，弃小保大。

施工项目的索赔人员应有较强的责任心，并在索赔谈判过程中应用合理的谈判策略和技巧，以便为企业增加收入。公路桥梁工程项目的成本控制在整个项目目标管理体系中处于十分重要的地位，工程项目的成本控制的好坏，直接影响到工程利润的高低。只有在工程施工中全方位、全过程严格把关，层层落实，深挖企业内部潜力，才能做好公路桥梁工程项目的成本控制工作。

第二节　公路桥梁工程施工质量管理

一、公路桥梁工程质量概述

公路桥梁工程质量管理是公路桥梁工程施工企业管理水平与技术水平高低的综合反映，是施工企业在从开始施工准备工作到工程竣工验收交付使用的全过程中，为保证和提高工程质量所进行的各项质量管理工作。其目的在于以最低的工程成本和最快的施工速度生产出优质的公路桥梁工程产品。

（一）工程质量的相关概念

质量是指反映实体满足明确和隐含需要能力的特性的总和。质量的主体是“实体”，“实体”可以是产品或服务，也可以是活动或过程、组织体系和人，以及以上各项的任意组合；“明确需要”是指在标准、规范、图纸、技术要求和其他文件中已经做出的明确规定的需要；“隐含需要”是指那些被人们公认的、不言而喻的、不必再进行明确的需要，如公路桥梁工程的路面应满足最起码的车辆行驶功能，即属于“隐含需要”；“特性”是指实体特有的性质，它仅反映了实体满足需要的能力。

工程质量的概念有广义和狭义之分。广义的工程质量是指工程项目的质量，它包括工程实体质量和工作质量两部分。工程实体质量又包括分项工程质量、分部工程质量和单位工程质量。工作质量又包括社会工作质量和生产过程质量两个方面。狭义的工程质量是指工程产品质量，即工程实体质量。

1.工程实体质量

工程实体质量在施工过程中表现为工序质量，指施工人员在某一工作面上，借助某些工具或施工机械，对一个或若干个劳动对象所完成的一切活动的综合。工序质量包括这些活动条件的质量和活动质量的效果。

工程实体的质量是由参与建设各方完成的工作质量和工序质量所决定的。构成施工过程的基本单位是工序，虽然工程实体的复杂程度不同，生产过程也各不一样，但任何一个工程产品都有一个共同特点，即都必须通过一道一道工序加工出来，而每道工序质量的好坏，最终都直接或间接地影响工程实体（产品）的质量，所以工序质量是形成工程实体质量的基础。

2.工作质量

工作质量是指参与工程项目建设的各方，为了保证工程产品质量所做的组织管理工作和各项工作的水平及完善程度。公路桥梁工程的质量是规划、勘测、设计、施工等各项工作的综合反映，而不是单纯靠质量检验检查出来的。要保证公路桥梁工程的质量，就要要求参与公路桥梁工程的各方有关人员，对影响工程质量的所有因素进行控制，通过提高工作质量来保证和提高工程质量。

3.质量控制

质量控制是指为达到质量要求所采取的作业技术和活动。质量要求需要转化为可用定性或定量的规范来表示的质量特性，以便质量控制的执行和检查。质量控制贯穿于质量形式的全过程、各环节，要排除这些环节的技术、活动偏离规范的现象，使其恢复正常，达到控制的目的。

质量控制的内容是采取的作业技术和活动。这些活动包括：确定控制对象；规定控制标准；制定具体的控制方法；明确所采用的检验方法；实际进行检验；说明实际与标准之间有差异的原因；为解决差异而采取行动。

（二）影响公路桥梁工程质量的主要原因

1.设计方案粗糙

设计是工程建设的灵魂，是工程质量的龙头，工程质量首先取决于设计质量。公路桥梁建设项目的前期工作很复杂，并且从规划、可行性研究、项目评估、设计文件到项目实施，周期较长。设计阶段把关不严、方案粗糙，将会导致在以后的施工中出现质量、安全隐患，还会因此影响工程的进度，造成不必要的损失。

工程实践证明，不懂工程施工的人永远搞不好设计。很多设计方案的实际可操作性不强，甚至与实际严重脱节，就是设计人员闭门造车造成的。因此，设计人员必须具备丰富的施工经验和较高的业务技能。

2.建设管理不规范

目前，公路桥梁工程建设项目的管理模式各异，管理水平也有很大的差别，建设市场离规范化管理有一定距离。总体而言，重点大型项目、世行贷款项目管理较规范，中小型项目、地方筹资项目管理欠规范。

管理工作不规范是影响公路桥梁建设质量的一个主要原因。在公路桥梁建设项目的管理方面，项目法人责任制、招投标制、监理制和合同管理制没有完全推行开，从而导致在建设过程中，责任不明确，出现人人都在管，最终谁都没具体对质量负责的现象。

3.施工队伍施工经验、能力不能满足要求

有的施工队伍在公路桥梁方面的施工经验较少，既无能满足施工需要的机械设备，也无足够、合格的技术管理人员，这对施工质量管理来说仍然是一个难题，没有经验就容易出问题。部分施工队伍在施工前期的组织、技术、物资等方面准备得不到位，在施工作业组织、施工进度计划、施工调度、现场管理、技术资料管理等方面的管理工作中没有能力或力不从心，致使工程管理处于混乱状态，工程质量无法保证。

4.质量管理体系不完善

①政府交通主管部门对监理市场主要是宏观管理，多是对监理单位和人员的资质进行管理，对监理单位的行为、监理工作运行情况、监理工作成效等的动态管理缺乏有效手段，在法规、行政、经济等方面，对监理单位的制约机制尚不完善。

②一些建设单位、施工单位的领导和管理人员，对工程质量监督重要性的

认识不足，致使质量监督工作开展有一定难度。

③大部分设计、监理、施工、材料供应、监督单位的检测设备、检测手段、技术力量还不能完全满足质量检测工作的需要，有的与实际要求相差很大，直接影响了质量管理工作的深度和力度。

二、公路桥梁工程的施工质量控制

施工质量控制是施工质量管理的一部分。施工质量控制是通过采取有效措施确保施工合同商定的质量要求和标准，避免发生质量问题。施工质量控制应当做到施工过程与技术要求相一致、与现行技术规范相一致、与设计质量要求相一致，符合施工合同要求和验收标准，同时还应满足施工进度和投资计划的要求。工程质量是在修建的过程中形成的，因此施工质量控制必须贯穿于施工全过程。

（一）施工质量控制的原则

工程施工是使工程设计意图最终实现并形成工程实体的阶段，是最终形成工程产品质量和工程使用价值的重要阶段。在进行公路桥梁工程项目施工质量控制的过程中，应遵循以下原则：

1.质量第一的原则

“百年大计、质量第一”，这是所有施工企业或建筑工程推行质量控制的思想基础。公路桥梁工程质量的好坏，不仅关系国民经济的发展及人民生命财产的安全，而且直接关系施工企业的信誉、经济效益及生存和发展。因此，牢固树立“质量第一”的观点是工程质量控制的核心。

2.用户至上的原则

“用户至上”是施工企业或公路桥梁工程推行质量控制的精髓。国内外多数施工企业把用户摆在至高无上的地位，把企业同用户的关系比作鱼水关系。

现代企业质量控制中的“用户”是广义的，它包括两层含义：一是直接或间接使用公路桥梁工程的单位或个人；二是施工企业内部，在施工过程中上一道工序应对下一道工序负责，下一道工序则为上一道工序的用户。

3.预防为主的原则

工程质量是设计、制造出来的，而不是检验出来的。检验只能发现工程质量是否符合质量标准，但不能保证工程质量。在工程施工过程中，每个工序，每个分部、分项工程的质量，都会随时受到许多因素的影响，只要有一个因素发生变化，质量就会产生波动，出现不同程度的质量问题。

质量控制强调将事后检验把关变成对各工序的控制，从管质量结果变为管质量因素，防检结合，防患于未然。

4.全面控制的原则

所谓全面控制，就是突出一个“全”字，即实行对全过程的控制和全员的控制。

全过程的控制，就是把工程质量控制贯穿于工程的规划、设计、施工、使用的全过程，尤其在施工过程中，要贯穿于每个单位工程、分部工程、分项工程以及各施工工序。全员的控制，就是强调质量控制工作不只是质量控制部门的事情，施工企业的全体人员，包括各级领导、管理人员、技术人员、政工人员、生产工人、后勤人员等都要参与到质量控制中来，人人都关心工程质量，把提高工程质量和本职工作结合起来。

5.数据说话的原则

数据是实行科学控制的依据，没有数据或数据不准确，质量就无从谈起。全面质量控制强调“一切用数据说话”，因为它以数理统计的方法为基本手段，而数据是应用数理统计方法的基础，这是其区别于传统控制方法重要的一点。参与施工质量控制的人员要依靠实际的数据资料，运用数理统计的方法作出正确的判断，并采取有力措施，进行质量控制。

6.不断提高的原则

参与施工质量控制的人员要重视实践，坚持按照计划、实施、检查、处理的循环过程办事。他们在经历一个循环后，对事物内在的客观规律就会有进一步的认识，从而能够制定出新的质量控制计划与措施，使质量控制工作及工程质量不断得到提高。

7.尊重事实的原则

尊重事实，是搞好工程质量控制的根本。参与施工质量控制的人员应尊重事实，遵纪守法，坚持原则，严格要求自己。

（二）施工质量控制的主要内容

工程质量控制是决定工程建设成败的关键之一，而工程质量在很大程度上又决定于施工阶段的质量控制。根据工程质量形成的时间，施工质量控制又可分事前质量控制、事中质量控制和事后质量控制。

1.事前质量控制的内容

事前质量控制是指施工前监理工程师针对影响工程质量的诸因素及环节，制定计划，从组织、技术等方面为工程的顺利实施做好准备工作。切实做好事前质量控制工作能够把质量问题消灭在萌芽状态，实现防患于未然。因此，事前质量控制是事中质量控制乃至整个质量控制工作的基础，是实现质量控制目标的重要保障。事前质量控制的主要内容包括以下几方面：

①审查施工承包单位的技术资质和参加施工的人员资质及施工质量控制管理系统机构。对于施工承包单位的技术资质审查可在施工招标中进行，其审查的主要内容是施工单位是否具有完成所承包工程项目的能力，并具有确保施工质量和施工进度的技术能力和管理水平。对参加施工的人员资质及施工质量控制管理系统机构可以在施工前进行审查。这里所指的施工人员应包括三方面的成员，即参加施工的技术人员、管理人员和质检人员。

②建立监理工程师的质量控制系统。监理工程师协助施工单位制定现场会

议制度、质量统计报表制度和质量事故处理制度等；协助施工承包单位完善质量保证体系，完善计量校验和质量检测试验的方法及手段。

③对工程项目建设所需的原材料、半成品混合料、预制构件等进行质量检查与控制。凡是进场的原材料均应有产品合格证或产品技术说明书；凡重要的原材料应先提交样品，经检验认可后方能进行采购，经抽样检测合格后才能使用。

④审查施工单位提交的施工方案和施工组织设计，并从工程项目整体角度对其实行协调控制，以保证工程质量具有可靠的技术措施。

⑤审核施工单位提交的有关施工控制参数及施工配合比，对于重要的公路桥梁工程，应进行复核试验。另外，对工程项目中采用的新材料、新工艺、新技术均应审核其技术鉴定书，凡未经试验鉴定或无技术鉴定书者，一律不能在工程项目中使用。

⑥为确保工程的位置和高程准确，应检查施工现场的测量标桩、结构物的定位放线及高程控制水准点。对于重要的结构桩位及高程应组织复核。

⑦组织参加工程建设的有关单位和人员，进行施工组织设计技术交底和施工图纸会审，为顺利施工打下良好的基础。

⑧对工程质量有重大影响的施工机械和施工设备，应审核施工单位提供的技术性能参数，凡不能保证工程项目施工质量要求的机械设备，不允许在工程中使用。

⑨审查工地试验检测室的仪器设备和试验检测人员的配备及试验检测室的工作环境，是否能满足所承包工程的质量要求。

⑩进行开工报告审核，把好工程项目质量的第一关。对现场各项施工准备进行检查，在认为具备开工条件后，才能批准并发布开工令。因为某种原因而停工的工程，在没有监理工程师的复工令的情况下不得复工。

2.事中质量控制的内容

事中质量控制也称为作业活动过程质量控制，指质量活动主体的自我控制和他人监控的控制方式。其中自我控制是首位的，即作业者在作业过程中对自己质量活动行为的约束和技术能力的发挥，以完成预定质量目标的作业任务；他人监控是指作业者的质量活动过程和结果，接受来自企业内部管理者和来自企业外部有关方面的检查检验，如工程监理机构、政府质量监督部门等的监控。事中质量控制的目标是确保工序质量合格，杜绝质量事故发生。事中质量控制的内容主要包括以下几方面：

①完善施工过程工序质量控制，把影响工序质量的因素都纳入监控范围，并及时审核施工单位提交的质量检测试验资料和控制管理图表。

②严格工序之间的交接检查，主要工序应按有关质量验收规定经过监理人员检查验收，否则不得进入下道工序。如在路基工程中，如果填方地段的路基未经压实度检查，则不得填筑另一层填料。又如在路面工程铺筑前，如果路基工程未经验收，则不能铺筑路面基层；而如果路面基层未经验收，则不能进行路面面层铺筑。

③对于重要工程部位或重要施工环节，在有必要时，监理工程师应亲自组织抽查验收或随时进行复查。

④根据工程的实际情况，对设计和施工单位提出的设计变更方案及变更施工图进行审核。

⑤监理工程师可定期或不定期组织现场质量会议，及时分析并通报工程质量、施工进度及有关工程动态，同时不断协调与有关单位之间的关系等。

⑥监理工程师按工程项目合同条款中的有关规定，行使工程质量监控权、工程数量认可权、工程计量支付权，使整个工程项目始终在监理工程师的监控之中。

3.事后质量控制的内容

事后质量控制也称为事后质量把关，以使不合格的工序或产品不流入后道工序、不流入市场。事后质量控制的任务是对质量活动结果进行评价、认定，对工序质量偏差进行纠正，对不合格产品进行整改和处理。事后质量控制的内容主要包括以下几方面：

①组织有关人员按照承包合同文件中规定的有关质量验收评定标准和办法，对所完成的单位工程或单项工程进行检查验收。

②审核施工单位提交的质量检验评定报告及其他有关技术资料文件。

③组织人员整理工程项目的有关质量技术资料文件，并按照有关规定进行编目、汇总、装订和建档。

公路桥梁工程施工阶段的质量监控实质上是监理工程师组织各施工单位，按照工程项目合同及设计文件中所规定的质量目标实施的过程，监理工程师在整个工程实施过程中处于中心地位。为此，监理工程师应通过建立完善的工程项目质量监控体系来履行工作职责。

第三节　公路桥梁工程施工安全管理

一、路基工程施工安全管理

（一）路基工程施工安全管理范围

路基工程施工安全管理的范围包括：土方施工、石方施工、高边坡施工、爆破作业、机械作业、挡护工程等。其中各个管理方面都包含了对在过程中起到能动作用的人的管理和施工中的各种机械、材料、方法的管理，以及对施工环境的安全管理，即人们常说的“人、机、料、法、环”五个方面。

（二）路基工程施工安全管理一般要求

①建立健全路基施工安全保障体系。项目经理部应建立健全路基施工安全

保障体系，全面落实安全生产责任制，制定相应的安全生产预防、预警、预控、安全检查、隐患排查、事故报告与处理、应急处置等安全生产保障措施。

②施工现场布置应有利于生产，方便职工生活。施工现场的临时驻地与临时设施的设置，必须避开泥沼、悬崖、陡坡、泥石流、雪崩等危险区域，选在水文、地质良好的地段。施工现场内的各种运输道路、生产生活房屋、易燃易爆仓库、材料堆放点，以及动力通信线路和其他临时工程，应按照《公路工程施工安全技术规范》（JTG F90—2015）的有关规定绘出合理的平面布置图。

③施工现场内的坑、沟、水塘等边缘应设安全护栏；场地狭小，行人多和运输繁忙的地段应设专人指挥交通。

④若路基用地范围内有通信设施、电力设施、上下水道（管）等，则应协助有关部门事先拆迁或改造，对文物古迹应妥善保护，下挖工程开挖前，应根据设计文件复查地下构造物（电缆、管道等）的埋置位置及走向，并采取相应的安全防护措施。如果在施工中发现可疑物品，则应停止施工，报请有关部门处理。

⑤路基施工机械设备应有专人负责保养、维修和看管。各种机械操作手、电工必须持证上岗。同时，应经常加强对驾驶员、电工及路基作业人员的安全教育。

⑥在夜间施工时，路口、边坡顶必须设置警示灯或反光标志，并设专人管理灯光照明。

⑦现场操作人员必须按规定佩戴个人安全防护用品，机械燃料库必须设消防设备。

⑧施工现场易燃品必须分开放置，保证一定的安全距离。

二、路面工程施工安全管理

（一）路面工程施工安全管理范围

路面工程施工的安全管理范围包括沥青路面工程的安全管理和水泥混凝土路面工程的安全管理。其中包括对施工作业人员的安全管理、施工机械的安全管理、施工环境的安全管理等。

（二）路面工程施工安全管理一般要求

①确定施工方案，及时准确发布路面施工信息。在施工前，施工单位应确定施工区的范围以及安全管理的施工方案，对路面情况进行深入细致的分析，并在开工前及时发布施工信息，警告过往车辆要注意施工路段的交通情况，提醒车辆绕道而行，避免车辆拥堵。

②详细划分施工区域，设置好安全标志，严格按警告区、上游过渡区、缓冲区、作业区、下游过渡区、终止区来划分施工区域。

③施工现场所有施工人员应统一着橘黄色的反光安全服，施工时还应设专职的交通协管员和专职安全员，而且安全员分班实行 24 h 施工路段安全巡查。

④施工车辆必须配置黄色闪光标志灯，停放在施工区内规定的地点。不得乱停乱放，要摆放整齐，特别在进出施工场地时，要绝对服从专职交通协管员的指挥，不得擅自进出。

⑤在施工区域两端应设置彩旗、安全警示灯、闪光方向标，给施工车辆和社会车辆以提示作用。

三、桥梁工程施工安全管理

（一）桥梁工程施工安全管理范围

桥梁工程的安全管理范围包括：桩基工程的安全管理；墩台工程的安全管理；墩身、盖梁工程的安全管理；桥面工程的安全管理等。其中各个方面都包含对人、机械、环境等的安全管理。

此外，桥梁工程施工安全管理还要注意高处作业、缆索吊装施工、门架超重运输、混凝土浇筑、泵送混凝土、模板安装及拆除、脚手架、支架施工、钢筋制作、焊接作业等方面。

（二）桥梁工程施工安全管理一般要求

①高墩、大跨、深水、结构复杂的大型桥梁施工，应对施工现场进行重大安全风险辨识与评估，并制定相应的安全技术措施。在工程开工之前，应根据《公路工程施工安全技术规范》（JTG F90—2015）的要求制定出相应的安全技术操作规程，并及时向施工人员进行安全技术交底。

②施工人员进入施工现场必须正确佩戴个人安全防护用品、用具，严防高处坠落、物体打击、触电或其他各类机械的、人为的伤害事故发生。

③在施工前应对施工现场安全防护设施、临时用电、临时机电机具、特种设备设施等进行全面的安全检查，在确认其符合安全要求后方可施工。

（三）桥梁工程施工安全管理要点

1.明挖基础施工安全管理要点

①基坑开挖的方法、顺序以及支撑结构的安设，均应按照施工组织设计中的规定进行。开挖深度超过 5 m（含 5 m）的基坑（槽）的土方开挖、支护、降水工程，或地质水文复杂的基坑开挖必须制定详细的施工方案和安全专项

方案。

②在开挖基坑时，要指派专人检查邻近建（构）筑物或临时设施的安全，并留有检查记录。

③在开挖基坑深度超过 1.5 m 时，为方便上下，必须挖设专用坡道或铺设跳板，其宽度应超过 60 cm。

④在开挖基坑时要根据土壤、水文等情况，按规定的边坡坡度分层下挖，严禁局部深挖，掏洞开挖。如施工地区狭小或受其他条件限制，不能按标准放坡，则应采取固壁支撑措施。遇到有涌水、涌砂及基坑边坡不稳定现象发生时，应立即采取防护加固措施。

⑤在开挖基坑的过程中应随时检查坑壁边坡有无裂缝和坍塌现象，特别是雨后和解冻时期，必须视具体情况增加坡度或加固支撑。

⑥当基坑边缘有表面水时，应采取截流措施。在有大量地下水流的情况下进行挖基时，应配足抽水机具。

⑦当采用挖土机械开挖基坑时，坑内不得有人作业。

⑧当基坑开挖需要爆破时，应按国家现行的爆破安全规程办理。

⑨在寒冷地区采用冻结法开挖基坑时，应根据地质、水文、气温等情况，分层冻结，逐层开挖。

2.墩台施工安全管理要点

①就地浇筑墩台混凝土，施工前必须搭设好脚手架和作业平台，模板就位后，应立即用撑木等固定其位置，以防倾倒砸人。

②用吊斗浇筑混凝土，吊斗提降应设专人指挥。

③在围堰内浇筑墩台混凝土，应安设梯子或设置跳板，供作业人员上下。

④凿除混凝土浮浆及桩头，作业人员必须按规定佩戴防护用品，严禁风镐对准人。

⑤拆除模板，应划定禁行区，严禁行人通过。

3.预制构件安装作业安全管理要点

①对于装配式构件（梁、板）的安装，应制定安装方案，并建立统一的指挥系统。对施工难度、危险性较大的作业项目，应组织施工技术、指挥、作业人员进行培训。吊装作业所使用的起重设备都应符合国家关于特种设备的安全规程，并进行严格管理。

②在进行吊装作业时，应根据吊装构件的大小、重量，选择适宜的吊装方法和机具，不准超负荷。

③吊钩的中心线必须通过吊体的重心，严禁倾斜吊卸构件。

④在起吊大型及有突出边棱的构件时，应在钢丝绳与构件接触的拐角处设垫衬。

⑤在单导梁、墩顶龙门架安装构件时，各节点应连接牢固，在桥跨中推进时，悬臂部分不得超过已拼好导梁全长的 1/3；墩顶或临时墩顶导梁通过的导轮支座必须牢固可靠。导梁上的轨道必须平行等距铺设。在墩顶龙门架使用托架托运时，托架两端应保持平衡稳定，行进速度应缓慢。龙门架顶横移轨道的两端应设置制动枕木。

⑥在预制场采用千斤顶顶升构件装车及双导梁、桁梁安装构件时，千斤顶使用前，要做承载试验。在构件进入落梁或其他装载工具横移到位时，应保持构件在落梁时的平衡稳定；在顶升 T 形梁、箱梁等大吨位构件时，必须在梁两端加设支撑。预制场和墩顶装载构件的滑移设备要有足够的强度和稳定性，牵引（或顶推）构件滑移时，施力要均匀。在双导梁向前推进的过程中，应保持两个导梁同速进行。

⑦在架桥机安装构件时，架桥机组拼、悬臂牵引中的平衡稳定及机具配备等，均应按设计要求进行；架桥机就位后，为保持前后支点的稳定，应用方木支垫。构件在架桥上的纵、横向移动，应平缓进行。

4.上部混凝土结构施工安全管理要点

①在作业前，对机具设备及其拼装状态、防护设施等进行检查，主要机具

应经过试运转。

②在施工过程中，应随时检查支架和模板，若发现异常状况，则应及时采取措施。支架、模板拆除，应按设计和施工的有关规定进行。

③就地浇筑水上的各类上部结构，要按照水上作业的安全规定进行施工、作业。

5.悬臂浇筑法施工安全管理要点

①施工前，应组织有关人员进行安全技术交底，制定安全技术措施。在挂篮组拼后，要进行全面检查，并做静载试验。

②施工操作人员在进入现场时必须戴安全帽，高空作业人员要体检，有不适病症的人员严禁上岗，托架、挂篮上的施工遇 6 级以上大风应停止作业。

③在施工托架、挂篮安装时必须先安装好走道、栏杆。对所有的栏杆，应使用扣件或绑扎成围，并检查其安全可靠性。托架、挂篮作业平台边缘必须设场脚板，以防止台上杂物坠落伤人。

④在预应力张拉现场，与该工作无关的人员严禁入内。在张拉或退楔时，千斤顶后面不得站人，以防预应力筋拉断或锚具崩出。

⑤设立桥面临时护栏。为保证施工人员在高空处的作业安全，防止材料、机具等物体从已浇好的桥面上坠落伤人，应当在已浇筑过的梁段上焊制安装 1.2 m 高度的桥面临时护栏，作业区范围内使用安全网封闭施工。

⑥夜间施工要有良好的照明设备，危险地段设危险标志和缓行标志，配备足够的交通值勤人员，组织好过往行人及车辆，确保行人、车辆的安全。

⑦使用连接器的锚点和吊带，必须在精轧螺纹钢筋端头做好油漆记号，在安装时要保证钢筋安装到位，一般伸入连接器内不少于 8 cm。

⑧顶升挂篮的千斤顶、提升挂篮的葫芦要确保完好，严禁超负荷工作。

⑨在挂篮行走时，要确保吊带、模板等与挂篮分离，并派专人观察行走是否正常，挂篮、模板与箱梁或其他物品是否发生摩擦、牵挂。若发现行走异常，则应立即停止，查明原因并处理后再开始行走。

⑩挂篮行走要对称进行。在行走前要弹出纵向直线，在轨道上划出行走控制刻度线，在行走时两侧行程要保持一致，轴向正确。

⑪挂篮行走到一定位置后，要及时对腹板外侧、底板进行修饰、打磨，使混凝土外观一致，对轻微错台，用扁钻子剔平，不得随意涂抹，吊带孔也要及时封堵。

6.预应力张拉施工安全管理要点

①预应力钢束（钢丝束、钢绞线）张拉施工前，应检查张拉设备是否符合施工安全的要求。压力表应按规定周期进行检定；在油泵开动时，进、回油速度与压力表指针升降保持一致，并平稳、均匀。

②在采用后张法进行张拉时，应检查混凝土强度，必须达到设计要求强度后，方可进行张拉。

③钢束张拉应严格按规定程序进行。在张拉作业中，应集中精力，仪表要看准，记录要准确无误；若出现异常现象（如油表振动剧烈，发生漏油，电机声音异常，发生断丝、滑丝等），则应立即停机进行检查。

④张拉钢束完毕，在退销时，应采取安全防护措施，防止销子弹出伤人。张拉时和完毕后，对张拉施锚两侧均应妥善保护，不得压重物。

⑤采用先张法进行张拉施工，除遵守张拉作业一般安全规定外，还应遵照以下要求：张拉前，对台座、横梁及各种张拉设备、仪器等进行详细检查，合格后方可施工；在张拉中和未浇筑混凝土之前，周围不得站人和进行其他作业；在浇筑混凝土时，严防振动。

7.斜拉桥、悬索桥施工安全管理要点

①斜拉桥和悬索桥（吊桥）的索塔施工，属于高处或超高处作业，应根据结构、高度及施工工艺的不同情况，制定相应的专门的安全施工组织设计、安全作业指导书（操作细则）。

②在索塔分节立模浇筑前，应搭好脚手架、扶梯、人行道及护栏。浇筑塔身混凝土，应按规定挂好减速漏斗及保险绳，漏斗上口应堵严，以防石子

下落伤人。

③在塔底与桥墩为铰接时，施工中必须将塔底临时固定。在斜缆索全部安装并张拉完成后，方可撤除风缆并恢复铰接。

④施工期间，应与当地气象站建立联系，密切注意天气变化，如遇大风、雷雨天气，则应立即停止作业。

⑤随着索塔升高，防雷电设施必须相应跟上，避雷系统未完善前，不得开工。

⑥缆索的制作与安装作业，应该做到：在缆索施工时，不得撞伤锚头；缆索的防护层，不得有折损或磨伤；悬索桥的主索及斜拉桥的斜缆索，应进行破断试验，其破断力应满足设计要求；主索及斜缆索顶张拉时，应选择适当场地，埋设足够强度的地锚。对张拉设备，应严格检查，以确保安全。

⑦在悬索桥施工中，临时架设的工作索、牵引索安装完毕后，应对索具、吊具等进行全面、仔细检查。

⑧在悬索桥采取重力式锚碇时，对锚碇体的施工，应按照有关安全规定浇筑混凝土或进行砌体工程。锚碇体必须坚实牢固。

参 考 文 献

[1] 包锦普. 桥梁施工中预应力技术及质量控制措施[J]. 运输经理世界，2023（12）：84-86.

[2] 边聪华. 论公路桥梁施工技术的质量控制[J]. 大众标准化，2023（12）：31-33.

[3] 曹正海. 公路桥梁施工中现浇箱梁施工技术研究[J]. 运输经理世界，2023（13）：104-106.

[4] 陈国帅. 公路桥梁钻孔灌注桩施工质量控制要点[J]. 四川建材，2021，47（9）：153-154.

[5] 陈维华，刘雁飞. 公路桥梁施工质量控制与技术应用分析[J]. 运输经理世界，2023（34）：82-84.

[6] 邓冲. 探析公路桥梁加固施工技术与质量控制[J]. 四川建材，2022，48（6）：24-25.

[7] 杜现来. 公路桥梁施工中的质量管理及控制策略[J]. 砖瓦，2021（8）：152-153.

[8] 高建新，王治国. 公路桥梁施工技术管理及养护措施[J]. 运输经理世界，2022（13）：103-105.

[9] 郭宏. 公路桥梁施工管理及养护技术分析[J]. 运输经理世界，2022（34）：137-139.

[10] 郭璐玮. 公路桥梁施工中钻孔灌注桩的质量控制措施[J]. 四川建材，2024，50（3）：192-193，196.

[11] 韩广辉. 公路桥梁预应力施工技术及质量控制分析[J]. 运输经理世界，2023（27）：76-78.

[12] 郝斌. 公路桥梁施工中现浇箱梁施工技术与质量控制[J]. 黑龙江交通科技，2023，46（9）：117-119.
[13] 何伟才. 公路桥梁施工技术及施工管理问题研究[J]. 黑龙江交通科技，2021，44（2）：210，212.
[14] 侯必珍. 公路桥梁施工技术要点与质量管理[J]. 黑龙江交通科技，2021，44（2）：135，137.
[15] 胡志波. 公路工程中路基的施工技术与质量管理分析[J]. 低碳世界，2024，14（4）：151-153.
[16] 黄玉珍，黄玉玲. 公路桥梁施工技术及施工管理问题研究[J]. 运输经理世界，2021（2）：103-104.
[17] 蒋红. 公路桥梁施工技术质量控制措施分析[J]. 运输经理世界，2022（12）：85-87.
[18] 康恩铨. 公路桥梁施工技术和管理存在的缺陷及改善方法[J]. 中国建筑装饰装修，2021（10）：168-169.
[19] 李守红，李治华. 公路桥梁施工管理、养护及加固维修技术浅谈[J]. 居舍，2022（2）：52-54.
[20] 李双权. 公路桥梁施工技术的质量控制[J]. 黑龙江交通科技，2021，44（5）：85-86.
[21] 李双权. 公路桥梁施工中预应力技术探讨[J]. 黑龙江交通科技，2021，44（4）：94，97.
[22] 李兴灿. 关于公路桥梁施工技术及质量控制探讨[J]. 居业，2021（2）：161-162.
[23] 李治华. 公路桥梁施工技术及其质量控制分析[J]. 建筑技术开发，2021，48（20）：133-134.
[24] 梁家浩. 公路桥梁施工管理及养护加固技术探讨[J]. 交通世界，2022（27）：154-156.

[25] 刘冠宁. 公路桥梁施工安全控制技术与安全管理研究[J]. 交通世界，2023（8）：138-140.

[26] 刘杰. 公路桥梁施工中软土路基施工技术与管理措施研究[J]. 城市建设理论研究（电子版），2023（1）：106-108.

[27] 刘雪峰. 公路桥梁工程施工质量问题及防治策略[J]. 工程技术研究，2021，6（4）：185-186.

[28] 刘郑. 公路桥梁工程预制梁施工技术及管理[J]. 交通世界，2021（16）：155-156.

[29] 卢绍清. 浅谈公路桥梁路基工程中的现场施工技术与质量管理[J]. 中国设备工程，2023（7）：194-196.

[30] 马临平. 公路桥梁施工过程中的技术管理与质量控制措施[J]. 运输经理世界，2022（2）：51-53.

[31] 任超. 软土地基施工技术在公路桥梁施工中的应用及质量控制策略[J]. 新型工业化，2021，11（11）：162-164.

[32] 孙钦州. 公路桥梁加固施工技术与质量控制措施分析[J]. 运输经理世界，2023（26）：104-106.

[33] 孙延青，凡长亮. 公路桥梁桩基施工质量问题与控制分析[J]. 工程技术研究，2022，7（11）：166-168.

[34] 王红永. 公路桥梁预应力施工管理问题研究[J]. 交通世界，2021（24）：163-164.

[35] 王慧. 公路桥梁施工安全控制技术与安全管理[J]. 工程技术研究，2021，6（16）：171-172.

[36] 王金海. 公路桥梁的施工技术管理分析[J]. 运输经理世界，2022（22）：56-58.

[37] 王玉宏. 公路桥梁施工技术及施工管理问题探究[J]. 城市建设理论研究（电子版），2022（34）：61-63.

[38] 王召. 公路桥梁下部结构施工技术及质量控制措施研究[J]. 交通世界，2022（Z1）：61-62.

[39] 徐向军. 公路桥梁施工管理、养护及加固维修技术分析[J]. 运输经理世界，2022（8）：125-127.

[40] 杨华. 公路桥梁加固施工技术与质量控制[J]. 黑龙江交通科技，2021，44（3）：104-105.

[41] 叶青海. 公路桥梁加固施工技术措施和质量控制分析[J]. 四川水泥，2021（12）：215-216.

[42] 易婧. 公路桥梁施工技术的质量控制分析[J]. 城市建设理论研究（电子版），2023（14）：84-86.

[43] 于艳林. 公路桥梁伸缩缝施工质量控制探讨[J]. 山东农业工程学院学报，2021，38（9）：47-51.

[44] 曾建华. 公路桥梁工程的施工技术要点及质量控制措施研究[J]. 交通世界，2022（19）：68-70.

[45] 张海全. 公路桥梁施工技术及质量控制研究[J]. 四川建材，2021，47（5）：141，156.

[46] 张一平. 公路桥梁施工管理养护技术及加固维修探析[J]. 居舍，2022（7）：55-57.

[47] 张永超. 公路桥梁加固施工技术与质量控制探讨[J]. 工程建设与设计，2023（8）：198-200.

[48] 周正勇. 论公路桥梁施工技术的质量控制[J]. 黑龙江交通科技，2022，45（7）：122，124.

[49] 朱小明. 公路桥梁软土路基施工技术与管理措施研究[J]. 运输经理世界，2023（11）：67-69.